Umschlagmotiv: Tetiaroa (Französisch-Polynesien)

Herausgeber: Polyglott-Redaktion
Autor: Ulrich Weissbach
Lektorat: Gudrun Beste
Bildredaktion: Nicole Häusler
Art Direction: Illustration & Graphik Forster GmbH, Hamburg
Karten und Pläne: Annette Buchhaupt
Titeldesign-Konzept: V. Barl
Realisation: Studio Wolf Brannasky

Ergänzende Anregungen, für die wir jederzeit dankbar sind, bitten wir zu richten an:

Polyglott-Verlag, Redaktion, Postfach 40 11 20, D-80711 München.

Alle Angaben wurden sorgfältig geprüft. Dennoch kann eine Gewähr für Vollständigkeit und Richtigkeit nicht übernommen werden.

Zeichenerklärung

- Information
- Flugverbindungen
- Busverbindungen
- Schiffsverbindungen
- Öffnungszeiten
- Telefonnummer
- Faxnummer
- Campingplatz
- Hotel (pro Doppelzimmer)
  - $$$ über 300 DM
  - $$ 100 bis 300 DM
  - $ unter 100 DM
- Restaurant (Menü ohne Getränke)
  - $$$ ab 40 US $
  - $$ 20–40 US $
  - $ unter 20 US $

Inselpläne

- Autobahn, Schnellstraße
- sonstige Straßen, Wege
- Verwaltungsgrenze
- National-, Naturparksgrenze

Stadtpläne

- Durchgangsstraße
- sonstige Straßen
- Fußgängerzone
- Fußweg

Erste Auflage 1997

Redaktionsschluß: Dezember 1996

Printed in Germany
Gedruckt auf chlorfrei gebleichtem Papier
ISBN 3-493-62887-0

Polyglott-Reiseführer

Südsee

Ulrich Weissbach

Polyglott-Verlag München

INHALT

Allgemeines

Die Inselstaaten

Die Inselstaaten

Bildnachweis

Alle Fotos Ulrich Weissbach außer Archiv für Kunst und Geschichte, Berlin: 17/2. Holger Erbst: 23/3, 87/1. Bernd Helms: 11/2, 37/3. Volkmar Janicke: 13/1, 25/1, 39/2, 41/2, 51/2, 59/1, 69/2. Gerald Nowak/CR-Photo: 53/3, 89/3, 91/2. Tony Stone/Sylvain Grandadam: Umschlag.

Fremde Kulturen kennenlernen und gastfreundlichen Menschen begegnen – wie sehr genießen wir das auf Reisen. Zu Hause bei uns jedoch wird mancher Ausländer von einer kleinen Minderheit beschimpft, bedroht und sogar mißhandelt. Alle, die in fremden Ländern Gastrecht genossen haben, tragen hier besondere Verantwortung. Deshalb: Lassen Sie es nicht zu, daß Ausländer diffamiert und angegriffen werden. Lassen Sie uns gemeinsam für die Würde des Menschen einstehen.

Verlagsleitung und Mitarbeiter des Polyglott-Verlages

Editorial

Wenn es die Südsee nicht gäbe, müßte sie erfunden werden. Kein anderer Traum, weder der vom schnellen Geld noch der von ewiger Jugend, hat sich so hartnäckig in unseren Köpfen eingenistet wie dieser. Es ist der Traum vom Paradies schlechthin, von der Rückkehr in einen ursprünglichen Naturzustand ohne Sorgen, Zeitdruck und Arbeit. Es ist die Droge, die wir brauchen, um den Alltag zu vergessen und den illusorischen Ausstieg durchzuspielen. Was aber ist die Südsee?

Mit Palmen, Strand und blauer Lagune ist der Mythos nicht zu erklären. Strände gibt es auch anderswo, sogar bessere. Schon mehr hat er mit den Menschen der Südsee zu tun. Das stellten schon die ersten Europäer fest, die Ende des 18. Jhs. im sagenhaften Tahiti landeten. Sie wurden von den überaus gastfreundlichen Insulanern mit Geschenken und Sinnenfreuden überhäuft. Sie fanden eine lebenslustige Gesellschaft vor, die weder materielle Sorgen, noch Zwang oder engstirnige Moral zu kennen schien. Der unterkühlte James Cook geriet da ebenso ins Schwärmen wie der französische Romantiker und Weltreisende Louis Antoine de Bougainville. Ihre euphorischen Berichte waren es, die in Europas gebildeten Kreisen den Mythos Südsee zum Leben erweckten. Dem einmal gelegten Traumpfad folgten Schriftsteller wie Robert Louis Stevenson, Jack London, William Somerset Maugham und Herman Melville. Ihre Südseegeschichten – nicht immer mit Happy-end – strahlten einen eigenen Zauber aus, der keiner anderen Weltgegend anhaftet.

Auch wenn dieser Zauber in Reiseprospekten zum Klischee gerinnt – er ist noch zu finden in der Südsee. Man muß ihn nur suchen, nicht am Strand, sondern eben bei den Menschen.

Der Autor

Ulrich Weissbach (geb. 1949) hat in München Kommunikationswissenschaft studiert und arbeitet als freier Fernsehjournalist. Daneben hat er sich als Reiseautor auf den Pazifik spezialisiert – seit über zehn Jahren unternimmt er regelmäßig ausgedehnte Reisen in die Südsee.

Inseln am Ende der Welt

Als der spanische Eroberer *Vasco Nuñez de Balboa* 1513 als erster Europäer das Meer jenseits Amerikas erblickte, nannte er es „Mar del Sur", Meer des Südens. Von seinem Standort, einem Berg an der Westküste Panamas, lag das neuentdeckte Meer tatsächlich im Süden. Daß es sich mindestens ebenso weit nach Westen erstreckte, konnte er nicht wissen. Erst *Fernão de Magalhães* (Ferdinand Magellan) gab dem Pazifik seinen heutigen Namen, „Mar Pacifico", „Stiller Ozean". Heute spricht man von Nord- und Südpazifik, getrennt vom Äquator. In der Umgangssprache aber hat sich *Südsee* erhalten, als romantisierende Bezeichnung für die Inselwelt des Südpazifiks. Zwar gehören dazu noch mehr als die in diesem Führer behandelten Inseln, doch sind Fidschi, Tonga, Samoa, die Cook-Inseln und Französisch-Polynesien die am meisten besuchten und touristisch am besten erschlossenen Inseln der Südsee.

Lage und Landschaft

Von Europa aus gesehen liegt der Pazifik auf der Rückseite des Globus, sein Zentrum ist 20 000 km von uns entfernt – sozusagen am Ende der Welt. Balboa konnte 1513 noch nicht wissen, daß er den größten Ozean der Erde entdeckt hatte. Seine maximale Ausdehnung zwischen Mittelamerika im Osten und Indonesien im Westen beträgt 19 000 km. Von der Beringstraße im Norden bis zum Südpol sind es immerhin auch noch einmal über 15 000 km. Die Wasserfläche bedeckt ein Drittel der Erdoberfläche, deren gesamte Landmasse spielend hineinpassen würde. Über den riesigen Ozean verstreut sind aber nur rund 10 000 Inseln und Inselchen, Bergspitzen unterseeischer Landformationen. Je nach Entstehungsgeschichte unterscheidet man zwischen hohen Inseln vulkanischen Ursprungs und niedrigen Inseln, die sich durch das Wachstum von Korallen auf den Spitzen der Unterwassergebirge bildeten.

Die *Vulkaninseln* haben oft malerisch gefaltete und mit dichtem Regenwald bewachsene Bergrücken, an denen sich die Wolken stauen, weshalb es im Landesinneren generell niederschlagsreicher ist als an den Küsten, an denen kleinflächige Landwirtschaft betrieben wird. Die flachen *Koralleninseln* ragen dagegen nur wenige Meter über den Meeresspiegel und sind mangels ausreichender Niederschläge nur mit Palmen und Buschwerk bewachsen. Sowohl hohe als auch niedrige Inseln sind von Korallenriffen umgeben, den sogenannten *Saum-* oder *Barriereriffen.* Zwischen Riff und Insel schimmert die seichte Lagune, die je nach Tiefe alle Schattierungen zwischen Hellblau und Türkis annimmt und zusammen mit weißen Korallenstränden und grünen Palmwipfeln zum Inbegriff des Südseetraums gehört. Sinken die Inseln weiter ab, sind die Korallenriffe gezwungen, nach oben zu wachsen. Wenn die Korallenbildung mit der Sinkgeschwindigkeit des Vulkans mithalten konnte, entstanden *Atolle.* Auf dem ringförmigen Riff, das die große Lagune umschließt, können Sand und schließlich auch Pflanzen Fuß fassen – die Geburt der kleinen, *motu* genannten Inseln.

Klima und Reisezeit

Die südpazifischen Inseln liegen im Tropengürtel der Erde. Ihr Meeresklima wird von den südöstlichen Passatwinden bestimmt, die in der Regenzeit Wolken und Niederschläge an die Ostseite der hohen Inseln tragen. Dort herrscht dann hohe Luftfeuchtigkeit, während die Westküsten und die flachen Inseln eher trocken-heißes Klima haben. Auf den äquatornahen Inseln gibt es kaum jahreszeitliche Temperaturunterschiede, die Quecksilbersäule bewegt sich ganzjährig nur zwischen 27 und 33 °C. Die Regenzeit, in der auch hin und wieder tropische Wirbelstürme im Pazifik toben, dauert etwa von November bis April – aber keine Angst, es regnet nicht ständig, kurze, aber heftige Schauer werden schnell wieder von großer Hitze abgelöst, was zu extrem hoher Luftfeuchtigkeit führt. Deshalb ist die Frage nach der *besten Reisezeit* weniger von der Regenmenge abhängig, als von der Durchschnittstemperatur und der Luftfeuchtigkeit. Beide sind außerhalb der Regenzeit geringer, weshalb Mai bis Oktober angenehme Reisemonate sind. Das hilft den wintergeplagten Europäern kaum, die über Weihnachten und im Januar der Kälte in der Heimat entfliehen wollen. Doch gerade dann ist Hochsaison in der Südsee, weil Australier und Neuseeländer ihre großen Sommerferien haben – rechtzeitige Buchung ist deshalb empfehlenswert.

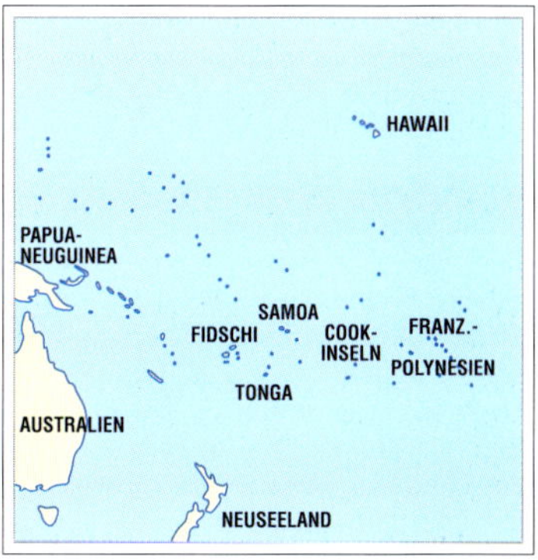

Natur und Umwelt

Die Isolation der ungezählten kleinen Inseln in der riesigen Wasserwüste des Pazifiks hat dazu geführt, daß der Artenreichtum an Fauna und Flora relativ gering ist. Die Samen der wenigen heimischen Pflanzen wurden in vorgeschichtlicher Zeit vom Wind über den Ozean getragen und faßten auf den Inseln Fuß, die Siedler brachten Kultur- und Nutzpflanzen mit, vor allem stärkehaltiges Wurzelgemüse wie Süßkartoffeln, Taro, Yams und Kassava, den Brotfruchtbaum und die meisten tropischen Früchte wie Banane, Ananas, Mango, Papaya, Melonen und Zitrusfrüchte. Nur die *Kokospalme,* die den Insulanern heute noch als Grundnahrungsmittel und Werkstoff zugleich dient, war schon vorher da. Ein ebenso unverwüstlicher wie nützlicher Baum ist der *Pandanus* (Schraubenpalme). Aus seinen langen, schmalen und äußerst reißfesten Blättern flechten die Insulaner wasserdichte Matten, mit de-

Klima und Reisezeit

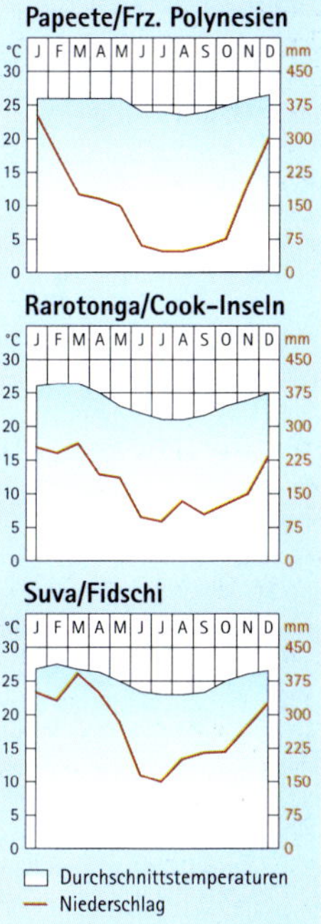

nen sie die Dächer ihrer Hütten decken. Deneben flechten sie daraus Körbe, Taschen und Haushaltsgegenstände.

Die Blütenpracht der Südsee ist Teil ihres Mythos. Die meisten Blumen und Sträucher wurden jedoch eingeführt. Eine der wenigen wirklich einheimischen Blumen ist die tahitianische *Tiare* (Gardenia tahitensis) mit ihren sternförmigen weißen Blüten, Grundstoff für ein süßliches Parfüm. Aus Südamerika kamen Zierpflanzen wie die Plumeria, von den Insulanern *Tipanie* oder *Frangipani* genannt, aus der duftende Blütenkränze geflochten werden. Andere weit verbreitete Blumen und blühende Sträucher sind Hibiskus und Bougainvillea in allen Farben, die Strelitzia reginae (auch Bird of Paradise), die Heliconia und verschiedene Arten aus der Familie der Cannaceae.

Neben den verschiedenen Arten von Seevögeln sind auf den größeren Inseln auch Landvögel heimisch. Papageien, Kakadus, Tauben und kleinere Singvögel zählen dort zu den artenreichsten Landtieren überhaupt. Fast schon eine Landplage sind die aus Indien eingeführten *Minah Birds* (Molukkenamseln), die, laut und zudringlich wie Spatzen, ständig auf Nahrungssuche sind. Die wenigen Säugetiere wie Hühner, Schweine, Kühe, Hunde und Pferde wurden vom Menschen eingeführt. Der überall anzutreffende *Gecko* ist eine harmlose, ja sogar nützliche Lurchart, weil er Moskitos und andere Insekten frißt. Schlangen und andere giftige Tiere gibt es keine. Aktiv sind leider auch in der Südsee die Moskitos, aber wenigstens übertragen sie hier keine Malaria. Skorpione und Tausendfüßler tummeln sich vorwiegend nachts im Rasen und in Büschen; ihr Biß kann sehr schmerzhaft sein. Kakerlaken (Cockroaches) sind selbst aus den besten Hotels nicht zu verbannen.

Flower Power

Die Hibiskusblüte keck hinterm Ohr, den Blütenkranz verschwenderisch duftend am Hals, die kunstvoll geflochtene Blütenkrone auf dem schwarzen Haupthaar. So verzauberten die Insulaner die ersten Entdecker, und so schmücken sie sich heute noch, im Alltag und erst recht zu festlichen Anlässen. Auch die Männer der Südsee tragen Blumen ganz selbstverständlich. Sie sind Ausdruck der Lebensfreude und der Verbundenheit mit der Natur, sie illustrieren das ganze leichtlebige Temperament der Südseeinsulaner.

Auf den polynesischen Inseln ist man besonders verschwenderisch. Die alljährlichen Blumenfestivals in Tahiti und auf den Cook-Inseln geraten zu wahren Blütenorgien, bei denen blumenüberhäufte Wagen und Menschen durch die Straßen ziehen. Keine Begrüßung, kein Abschied ist denkbar ohne die obligatorische Blumengirlande um den Hals des ankommenden oder scheidenden Gastes. Aber anders als in Hawaii, wo Besucher schon lange mit Papierblumen abgefertigt werden, ist hier noch alles Natur und Handarbeit: Stunden vor Ankunft von Flugzeugen oder Inselfähren sind die Frauen mit dem Pflücken der Blüten und Flechten der Kränze beschäftigt.

Blumen sind ja auch der schönste Schmuck, den Mutter Natur den Menschen anbietet. Dank üppiger Tropenflora geht den Blumenkindern der Vorrat nie aus, und das Parfüm wird kostenlos gleich mitgeliefert. Tagsüber steckt sich die Kassiererin im Supermarkt eine Blüte ins Haar, abends dekoriert sie sich kunstvoll für die Disko oder den Auftritt in einer Tanzshow. Daß der oft aufwendig geflochtene Schmuck schnell verwelkt, kümmert niemand. Am nächsten Tag gehen neue Blüten auf für neue Kreationen.

Ungeheuer vielfältig sind dagegen die marine Flora und Fauna. Im Unterschied zu anderen tropischen Meeresregionen sind die Korallenriffe der Südsee noch weitgehend intakt und bieten so die Lebensgrundlage für eine Vielzahl an Meerestieren. Am Strand können Sie Einsiedlerkrebse beobachten, die sich wie ein Blitz in ihrem Gehäuse oder Sandloch in Sicherheit bringen, sobald Sie ihnen näher kommen. Am Sandboden der Lagune leben Seegurken, Seesterne und viele andere skurrile Lebewesen. Von den Insulanern geschätzt wird das Fleisch der *Paua*, einer weißen Klammermuschel, deren Schalen waschschüsselgroß werden können.

Die Tiare-Blüte duftet aus dem berühmten Südsee-Parfüm

Aber erst jenseits der Lagune, wo das offene Meer an das Korallenriff brandet, beginnt das eigentliche Unterwasser-Panoptikum. Hier grasen Myriaden bunter Riffische die Korallenpolypen ab und werden ihrerseits von den Raubfischen der Tiefsee gejagt. Haie, Mantas und Barrakudas patrouillieren entlang den Riffen, weshalb die interessantesten Tauchgründe auch dort zu finden sind (s. auch S. 22).

Blumenschmuck gehört dazu ...

Die französischen Atomwaffentests auf den Atollen Muroroa und Fangataufa stellten lange Zeit das spektakulärste Umweltproblem des Pazifiks dar und zogen somit auch die massivsten Proteste der Umweltschützer auf sich. In den Hintergrund gedrängt wurde dadurch aber eine weit größere, schleichende Gefahr für die Inseln: der weltweite Klimawechsel, hervorgerufen durch den Treibhauseffekt der Abgase in den Industrieländern. Dadurch hat schon jetzt die Häufigkeit von Hurrikanen spürbar zugenommen. Befürchtet wird aber langfristig vor allem ein Ansteigen des Meeresspiegels, was den Untergang einer Vielzahl niedriger Inseln mit sich brächte, und zwar im wahrsten Sinne des Wortes.

Mit einfachen Segelkanus wurde der Pazifik besiedelt

Bevölkerung

Die Besiedelung des Südpazifiks begann etwa 3000 v. Chr., ausgehend von der indonesischen Inselwelt. Über Papua-Neuguinea, die Solomon-Inseln und die Neuen Hebriden (heute Vanuatu) drangen die Insulaner mit einfachen Segelkanus nach Osten vor, bis sie um 1600 v. Chr. Fidschi erreicht hatten. Sie begründeten damit den Kulturkreis *Melanesien* (griech. für „Schwarze Inseln") im Westpazifik, dessen dunkelhäutige und kraushaarige Bewohner einen eher negroiden Einschlag zeigen. Weitere Gemeinsamkeiten liegen in der Sprache, der Kultur, in mündlichen Überlieferungen und den sogenannten *Lapita*-Töpfereien, die auf den melanesischen Inseln gefunden wurden.

200 v. Chr. begannen die Insulaner von Tonga und Samoa weiter in den Pazifik vorzustoßen und begründeten die polynesische Kultur. Das weitgespannte „polynesische Dreieck" erstreckt sich von Hawaii im Nordpazifik über die Osterinsel im Südosten bis nach Neuseeland im Südwesten. Zu *Polynesien* (griech. für „viele Inseln") gehören alle Inseln des heutigen Französisch-Polynesien sowie die Cook-Inseln, Samoa und Tonga. Die Polynesier haben hellere Haut, glatte Haare und sind größer; wegen ihrer fein geschnittenen Gesichtszüge wurden sie von den europäischen Entdeckern als die „Griechen des Pazifiks" bezeichnet. Fidschi liegt an der Schnittstelle zwischen Melanesien und Polynesien, Merkmale beider Kulturen überlappen sich hier.

Gemeinsam ist allen Bewohnern der Südsee ein Gesellschaftssystem, das auf *Häuptlingsaristokratien* aufbaut. Den Sockel der Pyramide bilden die Großfamilien mit je einem Familienoberhaupt. Inseln oder ganze Inselgruppe werden von *tui* regiert, die im Rang europäischen Königen gleichen, wie zum Beispiel der König von Tonga. In Fidschi nennt man die Häuptlinge *ratu*, in Samoa *matai*, in beiden Ländern bestimmen sie trotz oberflächlicher Demokratisierung nach wie vor die politische Willensbildung. Häuptlinge üben in Fidschi, Tonga und Samoa immer noch die Kontrolle über das Land ihres Klans aus, verwalten die Einnahmen, verteilen die Aufgaben an die Klanmitglieder und sind oberster Richter.

In der Großfamilie werden die Kinder nicht von den Eltern, sondern von allen Erwachsenen gemeinsam erzogen; uneheliche Kinder sind keine Schande und werden problemlos akzeptiert.

Im Dorf sind die Männer verantwortlich für Nahrungsbeschaffung, Haus- und Bootsbau, die Frauen für Kindererziehung, Haushalt und Feldarbeit.

Die Großfamilie dient als soziales Netz In der Tradition des Gemeinschaftsbesitzes kann eine Bitte nach einem Gut oder einer Hilfeleistung grundsätzlich nicht abgelehnt werden. Diese Solidarität hat jedoch nur in den früheren geldlosen und in sich geschlossenen Inselgesellschaften funktioniert. Heute behindert es jeden, der selbständig eigenes Geld verdienen möchte, weil der Familienklan sofort daran partizipieren will. Außerdem begünstigt es die Vetternwirtschaft in der Politik.

In der polynesischen Gesellschaft spielen die Begriffe *mana* und *tapu* eine große Rolle. Mit *mana* bezeichnet man die Macht oder psychische Stärke eines Menschen – heute würde man es Führungsqualität nennen. Ein hoher Häuptling gründet seine Macht auf sein Mana, das er ererbt oder durch Taten erworben hat. Ebenso wichtig sind die *tapus* (deutsch: Tabus), Verbote, die in geringerem Maße auch heute noch das gesellschaftliche Leben regeln. Ein Tapu ist z. B. das Betreten der Steine eines Marae (s. S. 18) oder das Berühren des Kopfes eines Mitmenschen.

Wirtschaft

Kopra, das getrocknete Fleisch der Kokosnüsse, war zu Kolonialzeiten wichtigster Exportartikel aller Südseeinseln. Heute gilt Kopra nichts mehr auf dem

Weltmarkt, sein Preis sinkt ständig. Auch der Export exotischer Früchte ist nicht mehr rentabel, asiatische und südamerikanische Länder produzieren und transportieren weit kostengünstiger. Bis auf den Zuckerrohranbau in Fidschi ist die gesamte Landwirtschaft im Niedergang. Viele Lebensmittel werden aus Neuseeland eingeführt, was die ohnehin negative Handelsbilanz der Südseestaaten zusätzlich belastet. Auch der Fischfang bringt nicht die erhofften Einnahmen. Zwar haben die Südseestaaten in der 200-Meilen-Wirtschaftszone um die Inseln riesige Fanggebiete, mangels moderner Schiffe können sie sie aber kaum ausbeuten.

Kopra war lange ein begehrter Exportartikel

Südsee-Protokoll

Die überschwengliche Gastfreundschaft der Südseeinsulaner hat schon die ersten Entdecker tief beeindruckt. Sie gehört seitdem zum Mythos der Südsee und wird selbstverständlich auch heute noch gepflegt. Aber schon die frühen europäischen Besucher mußten feststellen, daß auch in der Südsee Fettnäpfchen auf sie warteten. Auch wer heute ein Südseedorf besucht, vor allem in den stark konservativen Gesellschaften Samoas oder Fidschis, sollte diese kennen.

Betreten Sie nie ein Dorf ohne Einladung des Dorfältesten. Ist diese, über welche diplomatischen Kanäle auch immer, einmal erfolgt, liegt Ihnen das Dorf zu Füßen.

Bringen Sie ein Gastgeschenk mit, dessen Größe sich nach ihrer Verweildauer richtet. In Fidschi ist das ein Bund *Yaqona*-Wurzeln, die zur Zubereitung des traditionellen *Kava*-Trankes (s. S. 85) dienen. In Samoa genügen Zigaretten oder ein paar Dosen Corned Beef, wichtigste Zutat für die samoanische Leibspeise *Pisupo*.

Tragen Sie keine kurzen Shorts oder sonstige knappe Freizeitkleidung. Oberschenkel und Oberkörper sollten bedeckt sein.

Nehmen Sie beim Betreten einer Hütte den Hut ab und ziehen Sie die Schuhe aus. Nähern Sie sich dem Häuptling in gebückter Haltung. Wenn sie den Ihnen zugewiesenen Platz einnehmen, dürfen Ihre Fußsohlen nie auf andere Leute zeigen; setzen Sie sich in den Schneidersitz oder mit nach hinten abgewinkelten Beinen auf den Boden. Gesprochen wird mit gedämpfter Stimme.

Bitten Sie vor dem Fotografieren um Erlaubnis, sie wird Ihnen mit Sicherheit erteilt.

Im Laufe der Begrüßung wird Ihnen auch Kava in einer Kokosschale angeboten, die Sie möglichst in einem Zug leeren sollten. In Fidschi klatschen Sie vor und nach dem Trinken in die hohlen Hände.

Berühren Sie nie mit den Händen den Kopf oder die Haare eines Insulaners, auch nicht eines Kindes.

Beherzigen Sie diese wenigen Grundregeln, werden Sie in der legendären Gastfreundschaft der Südsee schwelgen können.

Die Folge: Lizenzen werden an asiatische Fangflotten verkauft, die Einhaltung der Quoten ist aber ohne eigene Patrouillenboote nicht zu kontrollieren. So fangen hochtechnisierte asiatische Fischerboote den Insulanern Millionen Tonnen von Thunfisch unter der Nase weg, der dann in Dosen wieder in den Regalen ihrer Supermärkte auftaucht.

Nur die Entwicklungshilfe rettet die Südseestaaten vor dem Bankrott. Größte Geldgeber der ehemaligen englischen Kolonien sind traditionell Australien und Neuseeland, die sich so ihre Einflußsphäre im Pazifik erhalten. Französisch-Polynesien hängt finanziell am Tropf Frankreichs. Die USA und Europa aber haben sich zurückgezogen, da die Inseln mit dem Ende des Kalten Krieges ihre strategische Bedeutung im Pazifik verloren haben. Und zu Hause im Westen ist den Wählern schwer zu vermitteln, warum Länder wie z. B. Samoa oder Tonga statistisch zu den ärmsten Ländern der Welt gezählt werden, wenn deren größtes Gesundheitsproblem Übergewicht ist! Hungern muß auch heute noch niemand im ehemaligen Garten Eden, nur die Ansprüche sind durch westliche Einflüsse gestiegen. Wer sich ein Videogerät in die Palmhütte stellen will, ist auf die Geldüberweisungen von Familienmitgliedern im Ausland angewiesen. Hunderttausende von Samoanern und Tonganern schätzten ihre Zukunftsaussichten so trübe ein, daß sie nach Australien, Neuseeland oder in die USA auswanderten; ihre Überweisungen unterstützen die zurückgebliebenen Familien.

Tourismus ist die einzige Einnahmequelle, die die Insulaner aus ihrer Abhängigkeit von Geldzuweisungen aus dem Ausland befreien kann. In Fidschi, auf Tahiti und den Cook-Inseln gehört der Tourismus heute zu den wichtigsten Devisenbringern, Samoa und Tonga hinken noch etwas hinterher. Von einem Massentourismus à la Hawaii oder Karibik sind sie allerdings noch weit entfernt.

Staat und Politik

Außenpolitisch haben sich die unabhängigen Kleinstaaten des Pazifiks in mehreren überregionalen Organisationen zusammengeschlossen. Unter dem Dach der *South Pacific Commission* (SPC) und des *South Pacific Forum* sollen gemeinsame Entwicklungsprojekte gefördert sowie politische und wirtschaftliche Interessen der Inselstaaten gegenüber den Großmächten vertreten werden. Auch wenn beide Organisationen noch maßgeblich von Australien, Neuseeland und den USA finanziert werden, lassen viele Südseestaaten eine Abkehr von den ehemaligen Kolonialmächten erkennen. Sie orientieren sich hin zu neuen Partnern in Asien, zu Malaysia, Südkorea oder Indonesien.

Auch die langjährige innenpolitische Stabilität, die in den Südseestaaten seit ihrer Unabhängigkeit herrschte, scheint ihrem Ende entgegenzugehen. Überall ist ein enormer sozialer und politischer Umbruch festzustellen. In Fidschi lösten soziale Spannungen zwischen einheimischen Fidschianern und eingewanderten Indern 1987 einen Militärputsch aus. In Französisch-Polynesien erhob sich mehrmals gewalttätiger Widerstand gegen die französische Staatsmacht und deren Atomwaffentests. Im Königreich Tonga regt sich Opposition gegen die seit Jahrhunderten herrschende Aristokratie. In Western Samoa soll durch die Einführung des allgemeinen Wahlrechts die traditionelle Alleinherrschaft der Matais über das Land beschnitten werden. Auf allen Inseln löst sich das althergebrachte Machtgefüge langsam auf. Bürgerkriege sind dennoch nicht zu befürchten, der *pacific way* einer ausgleichenden Kompromißpolitik hat immer größere Gewalttätigkeiten vermieden. Im Vergleich zu anderen Krisenregionen der Erde ist die Südsee ein Meer des Friedens geblieben – das *Mar Pacifico,* wie Magellan es nannte.

Tahitianischer Tänzer

Geschichte im Überblick

Besiedelung

1600 v. Chr. Aus dem melanesischen Inselraum im Westpazifik (Papua-Neuguinea, Vanuatu, Salomon-Inseln) erreichen Insulaner in ihren einmaligen Segelkanus Fidschi.

500 v. Chr. Von Fidschi aus gelingt ein weiteres Vordringen bis nach Tonga und Samoa.

200 v. Chr.–800 n. Chr. Besiedelung des „polynesischen Dreiecks": Ostpolynesiens, Hawaiis, der Osterinsel und Neuseelands.

Europäische Entdecker

1520–1521 Der Portugiese *Fernão de Magalhães* (Ferdinand Magellan) durchquert auf seiner ersten Weltumsegelung den Pazifik.

1642–1643 Der Holländer *Abel Tasman* entdeckt Neuseeland, Tasmanien, Tonga und einige Fidschi-Inseln.

1722 Sein Landsmann *Jakob Roggeveen* findet die Osterinsel und Samoa.

1767 Eine englische Expedition unter *Samuel Wallis* erforscht die Tuamotus und Tahiti.

1768 Der Franzose *Louis Antoine de Bougainville* besucht Tahiti und Samoa.

1769–1778 Auf drei ausgedehnten Pazifikexpeditionen kartographiert und erforscht der Engländer *James Cook* weite Teile des Pazifiks: die Gesellschaftsinseln, Neuseeland, Niue, Tonga, die Cook-Inseln, Vanuatu (Neue Hebriden), Neukaledonien, die Osterinsel, die Marquesas und Hawaii.

Walfänger, Kaufleute und Missionare

ab 1800 Walfänger und Kaufleute leiten die wirtschaftliche Erschließung und Ausbeutung des Pazifiks ein. Das in Asien besonders begehrte Sandelholz und eine Seegurkenart namens *Bêche de Mer* werden nahezu ausgerottet.

Die großen europäischen Handelshäuser legen auf den Inseln ausgedehnte Zuckerrohr- und Kokospalmplantagen an.

Auch die Missionare entdecken im Pazifik ein riesiges neues Betätigungsfeld.

Kolonialisierung

1842 Frankreich annektiert die Marquesas und Tahiti, später dann ganz Ostpolynesien.

Die maritime Kultur der Polynesier

Eine Kultur, deren Lebensraum die größte Wasserfläche der Erde ist, mußte zwangsläufig außergewöhnliche seemännische Künste entwickeln. Die Polynesier und ihre Vorfahren navigierten mit ihren einfachen Segelkanus über offene Meeresstrecken, die für europäische Seefahrer ihrer Zeit noch unüberwindlich waren. In der Erschließung Tausender weitverstreuter Inseln des Pazifiks liegt ihre große historische Leistung. Dafür entwickelten sie hochseetüchtige Auslegerkanus, deren Rümpfe sie aus Baumstämmen schnitzten oder aus Brettern und Kokosfaserschnüren bauten. Verstellbare Segelbäume ermöglichten das Fahren gegen den Wind, womit die Kanus selbst den großen Rahseglern der europäischen Entdecker überlegen waren.

Noch erstaunlicher aber war die Navigationskunst der Polynesier. Auch ihnen wiesen die Sterne den Weg, zusätzlich aber gaben ihnen Wellen, Meeresströmungen, Temperatur und Farbe des Wassers Aufschluß über ihren Standort. Auf ihren oft monate-

1874–1893 Fidschi unterwirft sich Großbritannien. Die Cook-, Salomon-, Gilbert- und Ellice-Inseln werden britisches Protektorat. Deutsche Siedler und Kaufleute lassen sich in Tonga, Samoa und Fidschi nieder.

1900 Tonga wird britisches Protektorat, bleibt aber ein unabhängiges Königreich.

1900–1914 West-Samoa ist deutsche Kolonie, nach 1914 wird es unter neuseeländische Verwaltung gestellt.

Unabhängigkeit

1962 Western Samoa wird als erster Südpazifikstaat unabhängig.

1965 Die Cook-Inseln werden selbständig, bleiben aber in freiwilliger Assoziation mit Neuseeland.

1970 Fidschi wird unabhängig, das britische Protektorat in Tonga findet sein Ende.

1984 Französisch-Polynesien erlangt interne Autonomie.

1996 Nach 30 Jahren Atomwaffentest und internationalen Protesten erklärt Frankreich ein Ende seiner atomaren Versuche im Südpazifik.

langen Seereisen ernährten sie sich von Kokosnüssen und Fischen. Für die Besiedelung neuer Inseln nahmen sie Pflanzensetzlinge und Haustiere wie Hühner und Schweine mit.

In jüngerer Zeit versucht man, die polynesische Seefahrtskultur wiederzubeleben. So segelte zum Beispiel die von polynesischen Studenten in Hawaii nach traditionellem Vorbild gebaute „Hokulea" mehrmals durch den Pazifik. Ohne moderne Navigationsmittel umriß sie dabei das gesamte „polynesische Dreieck", eine Strecke von insgesamt rund 17 000 km.

Widerstand gegen die Atomversuche: Das Greenpeace-Schiff, die neue „Rainbow Warrior", im Hafen von Papeete

„Frauen auf Tahiti" – eines von vielen Bildern, die Paul Gauguin in der Südsee malte (s. S. 45)

Die einfachen Segelkanus der Polynesier waren selbst den großen Rahseglern überlegen

Kultur gestern und heute

Der **polynesische Götterhimmel** ist mindestens ebenso reich an Persönlichkeiten wie der griechische. Zahllose Legenden von den Taten der Götter und Halbgötter wurden über Generationen mündlich überliefert. Sie variieren von einer Inselkultur zur anderen, lassen sich aber alle auf ein gemeinsames Grundmuster zurückführen. Demnach geht die Erschaffung der Welt und des Menschen auf mehrere Götter zurück.

Diesen wurden Speisen, Tiere und auch Menschen geopfert. In Polynesien wurden Zeremonien auf steinernen Plattformen durchgeführt, den **Marae.** Sie dienten nicht nur als eine Art Tempel, sondern symbolisierten auch die Landrechte eines Klans. Überreste solcher Maraes sind heute noch überall in Polynesien zu finden, vor allem in Französisch-Polynesien und auf den Cook-Inseln. Sie sind jedoch nicht älter als einige hundert Jahre. In Tonga und Fidschi sind einige größere Grab- und Festungsanlagen erhalten geblieben.

Steinerne Zeugen einer Großkultur, wie etwa die Pyramiden in Ägypten, werden Sie auf den beschriebenen Inselgruppen vergeblich suchen. Die Südseekulturen kennen auch keine alten Schriften oder ausgefeiltes **Kunsthandwerk,** das sich auf einfachen Muschelschmuck, Schnitzereien, Bast- und Flechtarbeiten, Töpfereien und das Herstellen traditioneller Musikinstrumente beschränkt. Charakteristisch für Tonga, Samoa und Fidschi sind die mit Ornamenten bemalten **Tapa**-Matten (s. S. 59). Die aus Holz und Bastmatten gebauten Hütten heißen in Fidschi *bure,* in Tonga und Samoa *fale,* in Französisch-Polynesien *fare.* Ihre Bauweise ist im Prinzip ähnlich: Mehrere in den Boden gerammte Stämme der Kokospalme oder anderer tropischer Bäume markeiren den Grundriß und dienen als tragende Pfeiler. Auf ihnen ruht das hölzerne Dachgerüst, das wiederum mit Bastmatten gedeckt wird. Alle Holzverbindungen werden mit Kokosnußbast umwickelt und so fixiert, Metall und Nägel standen im traditionellen Hüttenbau nicht zur Verfügung. eine Besonderheit der samoanischen Fales ist ihre nach allen Seiten offene Bauweise, die tiefe Einblicke ins Familienleben zuläßt (s. auch S. 71).

Die lange vergessene **Kunst des Bootsbaus** und des Navigierens (s. S. 16) wird erst in letzter Zeit wiederbelebt.

Das immer noch lebendige Herzstück der Südseekultur sind die mündlich überlieferten **Legenden, Gesänge** und **Tänze,** die ständig mit neuen Formen und Inhalten gefüllt werden (s. auch S. 50).

Die **Tätowierung** als Körperschmuck ist eine ureigene Erfindung der Polynesier, die erst von den europäischen Entdeckern der Südsee um die Welt getragen wurde. Das Wort geht auf das polynesische *tatau* zurück. Die Tatauierung drückte in den frühen Inselgesellschaften den sozialen Rang eines Menschen aus: je kunstvoller die Tätowierung, desto höher die Stellung. Meister der Tätowierung waren die Insulander der Marquesas, die ihren ganzen Körper mit Ornamenten bedeckten. Heute pflegen die Samoaner noch am ausgiebigsten diese hohe Körperkunst.

Die erste Tätowierung war ein heiliges Initiationsritual. Auf den Gesellschaftsinseln ließen sich Männer unterhalb der Hüfte tätowieren, Frauen an den Hand- und Fußgelenken. Die Kunst des Tätowierens wurde von Meistern ausgeübt, die ihre Fertigkeiten an ihre Nachkömmlinge weitergaben. Die traditionelle Tätowierung erfolgt heute noch nach alter Prozedur: Der Ruß einer ölhaltigen Nuß wird mit Wasser oder Kokosöl vermischt und mittels einer rasiermesserscharfen Harke unter die Haut getrieben. Dieser Vorgang ist sehr schmerzhaft, die betroffenen Hautpartien sind noch viele Tage danach angeschwollen. Das klaglose Ertragen des Schmerzes ist ein Ausdruck der Reife, die der junge Mensch erreicht hat.

Die Missionare verteufelten das Tätowieren und verboten es den Insulanern für lange Zeit. Erst in den letzten Jahrzehnten erlebte die Körperkunst mit der Wiederbelebung der alten Traditionen eine Renaissance.

Eines der häufigsten Motive polynesischer Bildhauer und Holzschnitzer ist der **Tiki,** eine Götterfigur, die den Weltschöpfer darstellt. Charakteristisch sind der überproportionierte kantige Schädel mit großen, stark betonten ovalen Augen.

Ein Verwandter des ostpolynesischen Tiki ist der **Tangaroa** auf den Cook-Inseln, dessen Markenzeichen ein überdeutlich herausgearbeiteter Penis ist.

Die Tätowierung als Körperschmuck hat lange Tradition

Veranstaltungskalender

Französisch-Polynesien: Ende Juni beginnt *Heiva i Tahiti,* das wichtigste polynesische Folklorefestival des Landes. Ende Okt./Anfang Nov. traditionelles *Stonefishing Festival* auf der Insel Tahaa (s. S. 42). Das große Blumenfest, *Tiare Tahiti,* wird in der ersten Dezemberwoche auf allen Inseln gefeiert.

Cook-Inseln: Im April treten beim *Island Dance Festival* die besten Tänzer/-innen des Landes zum Wettbewerb an. Am letzten Freitag im Juli Tanzaufführungen und Sportwettbewerbe anläßlich der *Constitution Celebrations* auf Rarotonga. In der dritten Novemberwoche *Tiare Festival* mit großer Blumenparade auf Rarotonga.

Tonga: Der 4. Juli ist der *Geburtstag und Krönungstag* des Königs, es schließt sich das einwöchige *Heilalaa Festival* mit vielen Folkloreveranstaltungen auf Tongatapu an. Anfang Dezember mißt man sich beim *Musik-Festival* in Gesang und Tanz.

Samoa: Independence Day, das große Unabhängigkeitsfest, zieht in der ersten Juni-Woche aus allen Teilen des Landes mehrere tausend Teilnehmer an, die an Tanz-, Gesangs- und Blaskapellenwettbewerben teilnehmen. Am *Palolo Day* Ende Okt./Anfang Nov. werden die gleichnamigen Würmer im Meer gefangen und feierlich verspeist – der Kaviar der Samoaner (s. S. 68).

Fidschi: Im Juli feiert Nadi das *Bula Festival* mit Paraden und Rummelplatz, Ende August Suva sein *Hibiscus Festival* mit Paraden, Sportwettbewerben und der Wahl der Miss Hibiscus. Lautoka feiert im September mit dem *Sugar Festival* das Ende der Zuckerrohrernte. Die Inder begehen Anfang November mit Lichterketten und indischer Folklore mit *Diwali* ihr höchstes Fest.

Allererste Kokossahne

Schlankbleiben fällt schwer in der Südsee, das sieht man schon ihren Bewohnern an. Vor allem in Tonga und Samoa sind Übergewicht und Diabetes weitverbreitet, eine Folge der traditionell kalorienreichen Küche. Stärkehaltige Wurzelgemüse wie *Taro* (oder *Dalo*), *Kassava* (Tapioka, Maniok), *Yams* und Süßkartoffeln bilden die Basis, ergänzt durch Fisch, Schweinefleisch und Gemüse. Unentbehrlich ist die *Coconut Cream*, in der viele Gerichte gegart werden. Sie erfüllt in der Südseeküche die Funktion der Sahne und hat natürlich auch deren Fettgehalt. Kokosmilch wird aus dem geraspelten Fleisch der Kokosnuß gepreßt.

Eine wahrhaft köstliche Kalorienbombe ist z. B. das fidschianische *Palusami*. Dazu wird Corned Beef in junge Taroblätter eingewickelt, mit kleingehacktem Chili, Zwiebeln und Knoblauch gewürzt und in Kokosmilch gegart. Als erfrischende Vorspeise wird auf allen Inseln roher marinierter Fisch in Kokosmilch serviert. Das heißt in Französisch-Polynesien *Poisson cru*, auf den Cook-Inseln *Ika Mata*, in Tonga *Ota Ika*, in Samoa *Oka* und in Fidschi *Kokoda*. Eine leckere Nachspeise sind gekochte Bananen – selbstverständlich wieder in Kokosmilch.

Natürlich gibt es auch regionale Unterschiede. In Fidschi z. B. hat sich durch den hohen Bevölkerungsanteil von Indern eine Südseevariante der indischen Küche entwickelt. Ein *Fidschi-Curry* mit allem Drum und Dran wie *Rotis*, *Dhal* und verschiedenen *Chutneys* ist herzhaft und billig. Auch Vegetarier kommen hier auf ihre Kosten, alle Speisekarten enthalten mindestens ein vegetarisches Gericht. Die Gourmethochburg der Südsee ist aber zweifellos Französisch-Polynesien. Hier ist die Landesküche eine überaus glückliche Verbindung mit französischer Raffinesse eingegangen. Das Ergebnis ist eine vielfältige *Cuisine Pacifique* mit polynesischen, französischen und asiatischen Einflüssen.

Die einzige Chance für die Figur bieten die überall verbreiteten chinesischen Restaurants oder japanische Sashimi. Dank japanischer Touristen steht diese Vorspeise – in der Südsee ausschließlich aus rohem Thunfisch – auf fast allen Speisekarten.

In den Hotelrestaurants herrscht, mit der rühmlichen Ausnahme Französisch-Polynesien, leider noch eine wenig einfallsreiche englisch-australische Küche vor. Schwerpunkt der Speisekarten ist Seafood, also alle Arten von Meeresfisch und Meeresfrüchte wie Tintenfisch (*octopus* oder *squid*), Garnelen (*shrimps* oder *prawns*), Hummer

Verführerische Düfte aus der Erde

Wenn sonntags Rauchschwaden über ein Südseedorf ziehen, dann schmort mit Sicherheit irgendwo ein Erdofen. Diese traditionelle Art des Kochens wird noch auf allen Inseln gepflegt und bei folkloristischen Veranstaltungen zelebriert: Der Koch wickelt alle Zutaten wie Fleisch, Fisch und Gemüse in Bananenblätter ein und schichtet sie auf erhitzte Steine in eine Grube, die mit Palmblättern abgedeckt wird. Hier schmoren die Köstlichkeiten einige Stunden. So konnten in der traditionellen Südseegesellschaft riesige Mengen an Essen zubereitet werden, wie man sie für große Familien und Feste brauchte. In Französisch-Polynesien heißt der Erdofen *Hima'i*, auf den Cook-Inseln *Umukai*, in Tonga und Samoa *Umu* und in Fidschi *Lovo*.

(lobster), Krebse *(crabs)* und Muscheln *(mussels)*. Rind- und Lammfleisch sowie ein Großteil der Salate werden aus Neuseeland eingeflogen. Nur bei den Folkloreabenden *(Island Nights)* werden lokale Spezialitäten angeboten.

Gefrühstückt wird zwischen 7 und 10 Uhr – hier bereits wartet der üppige tropische Früchtekorb auf Sie: Ananas, Bananen, Mangos, Melonen und Passionsfrüchte. Mittagessen gibt es zwischen 12 und 14 Uhr, die meisten Restaurants bieten auch kleine Speisen auf einem sogenannten Snack Menu an. Das Abendessen beginnt gleich nach Sonnenuntergang gegen 18 Uhr.

Von den in der Südsee gebrauten Bieren gehören das *Fiji Bitter* und das samoanische *Vailima* zu den regionalen Favoriten. Gut sind aber auch das tonganische *Royal*, das *Cooks Lager* und das tahitianische *Hinano*. Die Weine kommen vorwiegend aus Neuseeland und Australien, wobei folgende Faustregel gilt: Neuseeland hat die besseren Weißweine, Australien die besseren Roten. Gut zum Südseeflair passen die Cocktails, die die Barkeeper mixen – eine Piña Colada z. B. schmeckt mit frischem Ananassaft und frischer Kokosmilch besonders gut. Auf den meisten Inseln werden auch frisch gepreßte Fruchtsäfte angeboten. Erfrischend ist der Saft der jungen Kokosnüsse, die Sie auf Märkten, am Straßenrand und oft auch an der Hotelbar bekommen. Teefreunde müssen sich mit Beuteln zufriedengeben. Kaffee wird entweder im *plunger* (Glasgefäß mit Presse) oder als Filterkaffee in der Warmhaltekanne serviert; in Fidschi, West-Samoa und auf den Cook-Inseln gibt es guten einheimischen Röstkaffee.

Fertig ist das Gericht aus dem Erdofen …

Der Saft der jungen Kokosnuß wird gerne getrunken

Lassen Sie sich von der Barkeeperin überraschen …

Urlaub aktiv

Zu Wasser

Im größten Ozean der Welt sind maritimen Aktivitäten fast keine Grenzen gesetzt: *Bootsausflüge* zu einsamen Inseln, Wassersportarten wie Tauchen, Schnorcheln, Hochseefischen, Segeln, Windsurfen und Wasserski sind überall möglich, in Fidschi und Französisch-Polynesien kann man mehrtägige *Kreuzfahrten* durch ganze Inselgruppen unternehmen. Resorthotels unterhalten ihre eigenen Tauchbasen und Sportfischerboote. *Jachtcharter*-Unternehmen haben in Fidschi, Tonga und Französisch-Polynesien ihre Stützpunkte. Aber auch private Segelboote können überall gechartert werden.

🛈 *Kreuzfahrten:* bei den genannten Inselgruppen.

Segeln: **Vereinigung Deutscher Jachtcharter-Unternehmen,** Postfach 25 03 70, 50519 Köln, ☏ 02 21/31 30 70 (3 DM Rückporto in Briefmarken beifügen). **Agentur für Mitsegler,** Geiselgasteigstr. 108, 81545 München, ☏ 0 89/64 40 12, FAX 6 42 65 65.

Wer Sand und Wasser liebt, kann nirgendwo falsch sein. Nur sollten Sie wissen, daß die meisten Inseln von Korallenriffen mit flachen Lagunen umgeben sind, die freies Schwimmen nicht immer ermöglichen. Badeschuhe mit einer festen Gummisohle gehören auf jeden Fall ins Reisegepäck, schon wegen der scharfkantigen Korallen; Gefahren drohen aber auch von Seeigeln, die ihre Stacheln zwischen den Korallen aufstellen, und besonders von Steinfischen, die sich im Sand einbuddeln und einen giftigen Sporn nach oben ausstrecken. Generell gilt, daß die niedrigliegenden kleinen Koralleninseln und Atolle die besten Rundumstrände haben, während auf den bergigen Inseln je nach Lage nur bestimmte Buchten die Bedingungen für einen Traumstrand aufweisen. Einige Favoriten für die Hitparade der Südseestrände (ohne Anspruch auf Vollständigkeit):

Französisch-Polynesien: die kleinen Motus um die Inseln Raiatea, Huahine und Bora Bora, die Atolle *Tetiaroa* und *Rangiroa.*
Cook-Inseln: die Motus von *Aitutaki.*
Tonga: die kleinen Inseln der nördlichen *Vava'u*-Gruppe, *Ha'apai*-Gruppe.
Samoa: Aleipata im Osten Upolus und *Falealupo* im Westen Savai'is.
Fidschi: Natadola Beach auf Viti Levu sowie die Inseln der *Mamanuca*- und *Yasawa*-Gruppe.

Lange Zeit lag der Südpazifik als *Tauchrevier* im Schatten von Karibik oder Malediven, doch mittlerweile hat sich herumgesprochen, daß die Korallenriffe der Südsee zu den besten der Welt gehören – v. a., weil die Wasserverschmutzung noch relativ gering ist. Das hat auch Jean Michel Cousteau erkannt, Sohn des französischen Meeresforschers. 1995 eröffnete er in Fidschi ein Tauchresort und hält dort meeresbiologische Seminare ab (s. S. 87).

Aber auch ohne Flasche und Tariergürtel erschließt sich die ungeahnte Vielfalt der Unterwasserwelt – es genügt ein Ausflug in die Lagune und eine Schnorchelbrille! Und wer dann etwas mehr Mut gefaßt hat, kann in einem Schnupperlehrgang das Flaschentauchen ausprobieren. Zum Tauchschein ist es dann nur noch ein kleiner Schritt. Schon in drei bis fünf Tagen kann man ein Zertifikat erwerben – erheblich preiswerter als in Europa.

Gehen Sie nie allein tauchen, sondern nur mit Tauchführern, die eine Lizenz haben. Nachlässige Wartung und Handhabung der Ausrüstung kann schnell lebensgefährlich werden. Ein professionell geführtes Tauchunternehmen sollte die Lizenz für eines der international anerkannten Unterrichtssysteme besitzen: PADI, NAUI oder CMAS.

Die besten Tauchreviere der Südsee sind:

Fidschi: Taveuni, Savusau, Kadavu.
Französisch-Polynesien: Manihi, Rangiroa, Raiatea.
Tonga: Die Gruppen Ha'apai und Vava'u.

Verband Deutscher Sporttaucher (VDST), Mörfelden, ☎ 0 61 05/96 13 02, Fax 96 13 45.

„Club Med 2" – die größte Segeljacht der Welt

An Land

Aktivurlauber mit Interesse an Land und Leuten zieht es ins Landesinnere. V. a. die größeren, bergigen Inseln der Südsee eignen sich für *Safaris* zu Fuß, hoch zu Roß oder per Geländewagen. Größte Attraktion ist der tropische Regenwald, auf den meisten Inseln noch vom Kahlschlag verschont. So sind auch in der Südsee unter dem Schlagwort Ökotourismus naturkundliche Exkursionen zum Trend geworden. Sie sollen nicht nur mit Fauna und Flora bekannt machen, sondern auch einen Eindruck von der Lebensweise der Landbevölkerung vermitteln. So fließen denn auch ein paar Touristendollar in die Dörfer statt in die Kassen der Strandhotels. Das größte Angebot in dieser Richtung findet man in Fidschi, z. B. auf den Inseln *Viti Levu, Vanua Levu* und *Taveuni,* in Französisch-Polynesien auf den *Gesellschaftsinseln* sowie auf beiden Inseln West-Samoas. Von Wanderungen auf eigene Faust ist mangels ausgeschilderter Wege abzuraten. Wer nicht gerade Extremtouren machen möchte, wird mit guten Turnschuhen zurechtkommen.

Surfen ...

Tauchen ...

Tennisplätze, viele mit Flutlichtanlage, haben die meisten größeren Hotels in Fidschi, Französisch-Polynesien und auf den Cook-Inseln. *Golfspieler* finden in Fidschi ein erstaunlich breites Angebot von 17 Greens, einige davon sogar mit hochklassigem Niveau. Ein neuer Trend sind *Mountainbikes,* die von Hotels und Sportgeschäften für Landausflüge verliehen werden.

... und Jeepsafaris sind nur einige der Sportmöglichkeiten

Unterkunft

Billig ist die Südsee nicht, das wird spätestens beim Blick auf die Hotelrechnung deutlich. Traumziele haben eben ihren Preis. Französisch-Polynesien zum Beispiel gehört zu den teuersten Reisezielen der Welt. Zimmerpreise von 1000 DM und darüber sind dort keine Seltenheit. Aber auch in Fidschi gibt es einige Luxusresorts dieser Preisklasse.

Doch keine Angst, Sie können auch preiswerter wohnen. Komfortable Hotels mit internationalem Standard verlangen zwischen 150 und 500 DM. Pensionen gibt es ab etwa 50 DM, und natürlich finden Rucksacktouristen auch noch etwas Billigeres. Grundsätzlich aber gilt, daß gute Mittelklassehotels in der Südsee nicht sehr breit gestreut sind.

Auf den Zimmerpreis wird eine Mehrwertsteuer erhoben, die je nach Land zwischen 8 und 12 % liegt. Es gibt kaum Einzelzimmer, weshalb Einzelreisende in der Regel mit dem Doppelzimmerpreis rechnen müssen. In einem *Double Room* steht ein Doppelbett, im *Twin* gibt es zwei Einzelbetten, im *Triple* drei Betten. Die Abkürzung *EP* steht für European Plan (ohne Verpflegung), *MAP* für Modified American Plan (Halbpension), *AP* für American Plan (Vollpension). Ab der Mittelklasse sind die meisten Zimmer mit Kühlschrank und Heißwasserbereiter für Kaffee oder Tee ausgestattet.

Hotels mit internationalem Standard bieten meist eigene Tennisanlagen, Golfplätze, Swimmingpool, mehrere Restaurants und Bars. Oft ist die Benutzung von Surfboards oder Schnorchelausrüstung im Preis enthalten. Weitverbreitet sind sogenannte *Resorts*, die entweder auf ihrer eigenen kleinen Insel liegen oder zumindest einen Strand exklusiv für sich haben. Vielstöckige Betonburgen sind verpönt, Südseeflair vermitteln Einzelbungalows in traditioneller Bauweise mit viel Holz und palmwedelgedecktem Dach – in Fidschi heißen diese *bure*, in Tonga und Samoa *fale*, in Französisch-Polynesien *fare*.

Inbegriff des Luxus sind die vor allem in Französisch-Polynesien verbreiteten Überwasserbungalows, die auf Prählen in die flache Lagune hineingebaut werden. Von der Veranda eines solchen *overwater bungalow* kann man direkt zum Schnorcheln ins Wasser gehen. Dieser Komfort ist allerdings unter 500 DM pro Nacht kaum zu haben.

Auf den neuseeländisch beeinflußten Cook-Inseln gibt es vor allem *Motels* mit sogenannten *self-contained units*, also Bungalows mit voll ausgestatteter Küche oder Kochnische für Selbstversorger.

Backpackers oder *Budget Accommodations* sind einfache Pensionen, teilweise mit Mehrbettzimmern (dormitory) und gemeinschaftlich genutzten Küchen und Sanitäranlagen.

Wildes *Campen* am Strand oder auf dem Land wird auf den meisten Südseeinseln nicht geduldet, Campingplätze gibt es nur vereinzelt.

Ebenso abzuraten ist von dem Versuch, auf gut Glück in einem Dorf ein Privatquartier zu suchen. In Fidschi und Samoa muß beim Betreten eines Dorfes das Südsee-Protokoll beachtet werden (s. S. 13). Übernachtungen im Dorf werden als organisierte Ausflüge von Veranstaltern vor Ort angeboten.

Vorbuchung in Deutschland ist empfehlenswert, da Reiseveranstalter die Hotelzimmer weit unter dem offiziellen Preis einkaufen und den Vorteil in der Regel auch weitergeben. Wer trotzdem erst vor Ort ein Zimmer buchen will, wendet sich an die jeweiligen Touristeninformationen; um den Zimmerpreis zu handeln, ist in der Südsee nicht üblich. Außerhalb der kurzen Hochsaison um Weihnachten hat man keine Probleme, ein Zimmer zu finden.

Reisewege und Verkehrsmittel

Anreise

Der Weg in die Südsee führt 20 000 km um den halben Erdball. Das sind etwa 24 Stunden reine Flugzeit mit mindestens einem Zwischenstopp. Eine Reisedauer unter drei Wochen lohnt sich deshalb kaum, auch wegen der relativ hohen Flugkosten. Andererseits kann man ohne Mehrkosten eine Weltumrundung mit Zwischenstopps in den USA, Neuseeland, Australien und Asien machen. Die Anreise über Los Angeles ist etwas kürzer. Außerdem fliegt man dabei mit dem Lauf der Sonne, was die enorme Zeitverschiebung von 12 Stunden etwas erleichtert.

Air New Zealand besitzt das umfassendste Flugnetz im Südpazifik und fliegt viermal wöchentlich ab Frankfurt/M. über Los Angeles alle in diesem Führer behandelten Inselgruppen an (Reservierung: D, ☏ 01 30/-81 77 78, A, ☏ 06 60/5 38, CH, ☏ 01 55/77 78. Qantas, Canadian Airlines und Air Pacific fliegen lediglich Nadi in Fidschi an, ein Drehkreuz des Südpazifiks mit Verbindungen zu anderen Inselgruppen. Charterflüge gibt es keine in den Südpazifik, jedoch bieten alle Linienfluggesellschaften Son-

Tip

Auch wenn das Rund-um-die-Welt-Ticket verlockend ist: Planen Sie nicht zu viele Zwischenstationen ein. Sonst bleibt zuwenig Zeit für die Südsee – und die Erholung auf der Strecke. Bei einer Reisedauer unter vier Wochen sollten Sie sich auf zwei oder drei Ziele konzentrieren und diese genießen.

Romantisch: Bali Hai (Huahine)

Wohnen über Wasser: Rangiroa (Tuamotus)

Mit phantastischem Blick: Hyatt Regency (Tahiti)

Auch das gibt es: einfache Beach-Fales ohne Privatleben

dertarife an; der Ticketpreis liegt je nach Saison zwischen 2500 und 3900 DM. Manche Fluggesellschaften verlangen eine Rückbestätigung des interkontinentalen Rückflugs; Einzelheiten dazu finden Sie in Ihrem Ticket.

Von Insel zu Insel

Größere **Regionalflugnetze** im Pazifik unterhalten die fidschianische Air Pacific und die samoanische Polynesian Airlines. Preiswerte Rundflugtickets wie das *Pacific Triangle Ticket* verbinden Fidschi, Tonga und Samoa für 448 US $ (von Air Pacific, Air New Zealand und Polynesian Airlines). Der *Polypass* von Polynesian Airlines erlaubt Flüge zwischen Samoa, Tonga, den Cook-Inseln, Fidschi, Hawaii, Neuseeland und Australien für 999US $ (Gültigkeit 30 Tage). Die Pässe können sie sowohl in Europa als auch in der Südsee erwerben.

Alle Inselstaaten haben darüber hinaus lokale Fluglinien, die mit Propellerflugzeugen die Inseln bedienen. Stellen Sie sich auf holprige Landepisten im Gras oder Korallensand ebenso ein wie auf Unregelmäßigkeiten im Flugplan. Dafür sind die Flugpreise sehr niedrig. Alle Flüge innerhalb der Südsee müssen vor Abflug rückbestätigt werden.

Hubschrauber können in Fidschi, Französisch-Polynesien und Samoa gechartert werden, vor allem für Rundflüge oder für den Transfer zu einem vorgelagerten Inselresort.

Fähren verkehren innerhalb aller Inselgruppen, jedoch sind sie oft in einem Zustand, der selbst abenteuerlustige Reisende abschreckt. Ausnahmen sind die modernen und komfortablen Expreßfähren in Französisch-Polynesien und einige Fähren neueren Baujahres in Fidschi. Die Mitnahme von Mietwagen von einer auf die andere Insel lohnt nicht.

Südsee-Kreuzfahrten starten in Fidschi und Tahiti (siehe dort). ❶ in Ihrem Reisebüro. In den Gewässern Fidschis und Französisch-Polynesiens kreuzen auch die Boote kleinerer Kreuzfahrt-

Die verflixte Datumsgrenze

Sie fliegen beispielsweise an einem Mittwoch von Fidschi ins benachbarte Samoa und kommen dort nach einer Stunde Flugzeit an – aber am Dienstag, einen ganzen Kalendertag früher! Wenn Sie umgekehrt von Samoa nach Fidschi unterwegs sind, müssen Sie nach der Landung die Datumsanzeige auf Ihrer Uhr von Dienstag auf Mittwoch vorstellen. Schuld an diesem vermeintlichen Paradoxon ist die Datumsgrenze, die entlang des 180. Längengrades durch den Pazifik verläuft. Sie hat schon viele Reisepläne durcheinandergebracht, hat aber eine einfache Erklärung: Da die Erde sich einmal am Tag um sich selbst dreht, geht immer irgendwo gerade die Sonne auf. Also muß eine künstliche Grenze den Beginn des neuen Kalendertages festlegen. Die Geographen verlegten die *International Dateline* in den dünnbesiedelten Pazifik, in der begründeten Annahme, daß dort das Datum eine eher untergeordnete Rolle spielt. Von den in diesem Führer behandelten Inselstaaten liegen Fidschi und Tonga westlich der Datumsgrenze. Dort beginnt also schon der neue Kalendertag, während man in Samoa, auf den Cook-Inseln und in Französisch-Polynesien noch einen Tag zurück ist. Am 31. Dezember 1999 wird die Datumsgrenze eine besondere Bedeutung bekommen: Während man in Europa noch Silvester feiert, haben Tonganer und Fidschianer bereits das neue Jahrtausend begonnen. Einige Ungeduldige sollen schon jetzt ihr Hotelzimmer dort gebucht haben.

Tip

Für kleinere Strecken zwischen den Inseln können Sie überall **Motorboote** chartern. Dabei sollten sie jedoch auf einige Sicherheitsregeln achten: Ist genügend Benzinreserve und Trinkwasser vorhanden? Sind Schwimmwesten und/oder Rettungsflöße an Bord? Boote mit Sprechfunk und zwei Motoren sind immer vorzuziehen.

linien auf Mehrtagestrips. Größere **Segelcharterunternehmen** haben Stützpunkte in Französisch-Polynesien, Tonga (Vava'u) und Fidschi (s. dort).

Unterwegs auf den Inseln

Busfahren ist eine gute Gelegenheit, mit Einheimischen in Kontakt zu kommen. Allerdings darf man weder großen Komfort noch Pünktlichkeit erwarten. Vergessen Sie Fahrpläne und wappnen Sie sich mit Zeit und Geduld.

Taxis sind (mit Ausnahme Tahitis) billig. Der Preis wird ausgehandelt, für Standardrouten wie z.B. vom Flughafen zu den Hotels gibt es oft feste Tarife. Sie können auch Taxis für einen halben oder ganzen Tag chartern, was meist nicht teurer ist als ein Mietwagen und den Vorteil eines ortskundigen Fahrers hat.

Mietwagen internationaler und lokaler Vermietfirmen gibt es auf allen größeren Inseln, wobei die international arbeitenden Unternehmen wie Avis, Budget oder Hertz (in Französisch-Polynesien auch Europcar) für mehr Qualität, aber auch für höhere Preise stehen. Einige Vermieter bieten auch 4WDs (Wagen mit Vierradantrieb) für Touren ins Inselinnere an. Das Preisniveau gleicht dem in Deutschland. Ihr Führerschein genügt, in Samoa und auf den Cook-Inseln müssen Sie sich bei der Polizei einen lokalen Führerschein ausstellen lassen (geringe Gebühr).

Typischer Inselflugplatz

Farbenfroh: Bus in Samoa

Ein Pickup für die ganze Familie

Französisch-Polynesien

Tahiti – ein Name für alle Südseeträume

Die Meuterer der „Bounty" erlagen dem Zauber ebenso wie später Gauguin. Die Welt kennt nur Tahiti – als Inbegriff aller romantischen Träume der Südsee. Und doch ist es nur eine von 118 weitverstreuten Inseln Französisch-Polynesiens, einer Welt für sich mit vielen Kontrasten. Hohe vulkanische Inseln mit grünbewachsenen Bergrücken. Flache Atolle mit türkisfarbenen Lagunen. Polynesische Lebensart mit einem guten Schuß französischem Ambiente. Das macht sich auf der Speisekarte angenehm bemerkbar, leider aber auch auf der Rechnung. Als Objekte der Sehnsucht wurden auch Moorea und Bora Bora gut vermarktet. Lohnend sind deshalb Abstecher zu Inseln im Schatten des Ruhms wie etwa Huahine oder Raiatea. Oder noch weiter in die Tuamotus und Marquesas.

Geschichte – Gesellschaft

Polynesier aus Tonga und Samoa besiedelten ab 300 n. Chr. zuerst die *Marquesas* im Norden und drangen dann weiter nach Süden vor zu den *Tuamotus,* den *Gesellschaftsinseln,* den *Gambier-Inseln* und den *Austral-Inseln.* Im 16. Jh. segelten die ersten europäischen Entdecker wie *Magalhães (Magellan), Mendaña* und *Roggeveen* durch das Gebiet. Aber erst im 18. Jh. beschäftigten sich die englischen Expeditionen unter *Samuel Wallis* und *James Cook* sowie die Franzosen unter *Antoine de Bougainville* näher mit den Insulanern und lieferten ausführliche Berichte nach Europa. Ihnen folgten protestantische Missionare aus England und katholische aus Frankreich. Stellvertretend für ihre Herkunftsländer lieferten sie sich einen Wettlauf um die Vorherrschaft auf den Inseln. Die Entscheidung fiel schließlich auf diplomatischem Parkett. Engländer und Franzosen grenzten ihre Einflußsphären im Pazifik ab, und Ostpolynesien wurde französische Kolonie. Der letzte polynesische König dankte 1880 ab.

Durch den Bau des Panama-Kanals stieg nach der Jahrhundertwende der Hafen von Papeete zu einem Umschlagplatz für den Handel zwischen Amerika und Australien auf. In den fünfziger Jahren enstand die erste Unabhängigkeitsbewegung unter den Polynesiern, ein 1958 abgehaltenes Referendum brachte aber keine Mehrheit für eine Loslösung von Frankreich. Seit 1984 hat das französische Übersee-Territorium jedoch interne Autonomie mit einem selbstgewählten Parlament und einer eigenen Regierung. Ein französischer Hochkommissar repräsentiert die übergreifende Souveränität Frankreichs.

1966 begann Frankreich mit den ersten Atombombentests auf den Tuamotu-Atollen Muroroa und Fangataufa, rund 1250 km Luftlinie von der Hauptinsel Tahiti entfernt. Die Bomben wurden zunächst überirdisch gezündet, ab 1975 dann unterirdisch. Erst 1996 stellten die Franzosen nach anhaltenden internationalen Protesten ihre Tests endgültig ein. Der enorme Militär- und Forschungsapparat bleibt aber vorerst erhalten und damit auch die Abhängigkeit der Inseln von Finanzhilfen des französischen Staates. Lediglich der Tourismus bietet auf lange Sicht die Chance, wirtschaftlich auf eigenen Beinen zu stehen. Alle Waren und Dienstleistungen sind mit hohen Zöllen und Verbrauchssteuern belastet, die 80 % der Staatseinnahmen ausmachen. Dies hat zu einem außergewöhnlich hohen Preisniveau geführt, das nicht nur dem Tourismus, sondern vor allem der einheimischen Bevölkerung zu schaffen macht.

Mehr als auf anderen Südseeinseln haben sich die Polynesier Tahitis schon früh mit chinesischen und französischen Einwanderern gemischt. Sie sind in Statur und Gesichtszügen deshalb feingliedriger als ihre stämmigen Vettern in Samoa und Tonga. Die sogenannten *Demis*, europäisch-polynesische Halbblute, bestimmen die Politik, die Chinesen kontrollieren die Wirtschaft. Französisch ist erste Landessprache, seit einiger Zeit ist auch die polynesische Sprache der Ureinwohner als zweite Landessprache anerkannt.

Von den 200 000 Einwohnern Französisch-Polynesiens leben zwei Drittel auf Tahiti, der Hauptinsel der Gesellschaftsinseln. Tahiti ist das Sprungbrett zu den anderen Gesellschaftsinseln Moorea, Bora Bora, Huahine und Raiatea, die den Großteil des Tourismus auf sich ziehen.

Reisewege

Internationaler Flughafen Faaa auf Tahiti. Französisch-Polynesien wird von Air France, Air New Zealand (ab Frankfurt/M.), Hawaiian Arlines, Lan Chile, Qantas und Polynesian Airlines angeflogen. Die polynesischen Fluglinien *Air Tahiti* (Boulevard Pomare, Papeete, ☎ 86 42 42, 86 40 00, FAX 86 40 69) und *Air Moorea* (Faaa Airport, ☎ 86 41 41, FAX 86 42 99) unterhalten ein dichtes Flugnetz innerhalb Französisch-Polynesiens. Preisbeispiele: Papeete–Bora Bora 12 400 CFP; Papeete–Nuku Hiva (Marquesas) 35 900 CFP. Preiswerter sind Rundflugtickets, die z. B. alle Gesellschaftsinseln einschließen (30 500 CFP, mit Tuamotus ab 45 500 CFP).

Die Hochgeschwindigkeitsfähre *Ono-Ono* fährt alle Gesellschaftsinseln an. 400 Passagiere, 3 vollklimatisierte Decks, Restaurant, Bar. Papeete–Huahine knapp 4 Std., bis Bora Bora 7,5 Std. Preisbeispiel Huahine

Steckbrief

118 Inseln (Gesellschaftsinseln, Marquesas, Tuamotus, Austral- und Gambier-Inseln).

3600 km² Landfläche, 4 Mio. km² Meeresfläche.

200 000 Einwohner (67 % Polynesier, 11,7 % Europäer, 5 % Chinesen, 14 % Demis).

Sprache: Französisch, Polynesisch.

Währung: Cour de Franc Pacifique (1000 CFP = 16,50 DM, 11,40 öS, 1,32 sfr).

Attraktionen: Romantische Südseelandschaften auf den Gesellschaftsinseln, die Atolle der Tuamotus, altpolynesische Kultstätten.

Unterhaltung und Sport:
*** Schnorcheln und Tauchen,
** Strände, *** Jeepsafaris,
** Reiten, *** Polynesische Tänze,
*** Essen und Trinken.

Vorwahl: 0 06 89.

ℹ Tahiti Tourisme, BP 65, Papeete, ☎ 50 57 00, FAX 43 66 19.

Tahiti Information, Schulberg 6–10, 61348 Bad Homburg, ☎ 0 61 72/2 10 21, FAX 2 55 70.

4450 CFP, Bora Bora 5950 CFP. Tickets müssen nicht im voraus gebucht werden (🛈 ☎ 45 35 35, 📠 43 83 45).

Kreuzfahrten: 16 Tage kreuzt der Frachter *Aranui* von Papeete über die Tuamotus zu den Marquesas; unterwegs gibt es auf vielen Inseln ein Landprogramm (4 Klassen, 160 000–400 000 CFP; 🛈 Cie. Polynésienne de Transport Maritime, ☎ 42 62 40, 📠 43 48 89).

Der ultramoderne Viermaster *Windsong* bietet 74 Luxuskabinen für eine 7tägige Tour durch die Gesellschaftsinseln (Samstagabend ab Papeete, ca. 280 000 CFP; 🛈 Tahiti Nui Travel, ☎ 42 68 03, 📠 42 74 35).

Auf der mit 187 m Länge größten Segeljacht der Welt, dem Fünfmaster *Club Med 2,* können Sie 4- bis 8tägige Kreuzfahrten durch die Gesellschaftsinseln und nach Rangirao (Tuamotus) in jedem deutschen Reisebüro buchen (190 Kabinen; mittwochs und samstags ab Papeete; ab 1500 DM).

Segeltörns: Segelkatamarane für maximal acht Passagiere bringen Sie durch die Gesellschaftsinseln, durch die Marquesas und Tuamotus (ca. 155 000 CFP pro Woche inkl. Vollpension; 🛈 Archipels Croisières Polynésiennes, Dominique Profit, P. O. Box 1160, Papetoai/Moorea, ☎ 56 36 39, 📠 56 35 87).

Jachtcharter: Stardust Marine, Raiatea, ☎ 66 23 18, 📠 66 23 19; The Moorings, Raiatea, ☎ 66 35 93, 📠 66 20 94; Tahiti Yacht Charter, Raiatea, ☎ 66 28 86, 📠 66 28 85.

🚌 Öffentliche Busse *(Le Truck)* auf allen größeren Inseln.

Tip

Auf allen Inseln kann man Fahrräder leihen, oft sind sie im Hotelpreis enthalten. Man braucht also nicht immer ein Auto zur Inselumrundung.

Tahiti

Die mit 1000 km² größte Insel Französisch-Polynesiens ist aus zwei Vulkanen entstanden, die sich aus dem Meer erhoben und heute durch eine Landenge miteinander verbundenen sind. Die größere der beiden Inselhälften heißt *Tahiti Nui,* die kleinere *Tahiti Iti.* Im unbewohnten Landesinneren ragen die mit Regenwald bewachsenen, scharfgeschnittenen Flanken der Bergmassive bis über 2000 m Höhe auf. Zahlreiche Wasserfälle stürzen in die Tiefe, viele Flüsse entspringen in den Bergen. Jeepsafaris durchs Inselinnere und Trekkingtouren ins Gebirge lohnen unbedingt. An der Küste reihen sich rund um die Insel kleine Dörfer.

Papeete

Die Hauptstadt im Nordwesten der Insel Tahiti zählt selbst nur rund 25 000 Einwohner, der Großraum aber mittlerweile rund 80 000: Über rund 30 km erstrecken sich die einstigen Vororte entlang der Küste, mit denen die Hauptstadt längst zusammengewachsen ist. Hauptverkehrsader und zugleich die Flanierstraße der Stadt ist der **Boulevard Pomare** entlang der Hafenbucht. Ein Hauch von Côte d'Azur durchweht die zahlreichen Straßencafés, Restaurants, Snackbars und Boutiquen, allerdings stark beeinträchtigt durch den ständig stockenden Verkehr. Gleich an der Anlegestelle der Kreuzfahrtschiffe finden Sie das **Touristenamt,** im traditionellen Stil erbaut. Eine Straße zurückversetzt liegt *** Le Marché** ❶, einer der schönsten Märkte der Südsee. In dem hellen und luftigen Gebäude breiten die Insulaner ihre Schätze aus: Früchte, Gemüse und Fische. Farbenpracht und Düfte lassen echte Südseestimmung aufkommen. Besonders lebhaft ist es morgens und am späteren Nachmittag, wenn die fangfrischen Meeresfrüchte angeliefert werden. Und wenn Sie die Gelegenheit haben, kommen Sie sonntags sehr früh: Vor dem Kirchenbesuch scheint sich halb Tahiti auf dem Markt zu drängen. Im Obergeschoß findet man Kunsthandwerk, Textilien und eine Snackbar, ein Tip für die Mittagszeit. Rund um das Gebäude werden prächtige bunte Blumengebinde feilgeboten. (🕓 Mo–Sa 5–18, So 6–12 Uhr.) Der Markt ist „Bahnhof" für alle Trucks, die öffentlichen Busse.

Das Hôtel de Ville von Papeete

Der Neubau des **Hôtel de Ville ❷** an der Rue Paul Gauguin ist ein Nachbau des Palastes von Königin Pomare IV., der 1990 anläßlich der 100-Jahr-Feier Papeetes seine Funktion als neues Rathaus übernahm. An der Rue de Général de Gaulle zieht die kleine Kathedrale **Notre Dame ❸** jeden Sonntag die Gläubigen an. Interessant sind die Gemälde der Kreuzigung: Die Dargestellten haben eindeutig polynesische Gesichtszüge, gekleidet sind sie teils römisch, teils tahitianisch.

Auf dem Weg zum Perlenmuseum liegt rechter Hand der Rue de Général de Gaulle das **Vaima Centre ❹** mit zahlreichen Geschäften, Büros, Cafés und Restaurants. Bald darauf liegt linker Hand das Territorialparlament; der Held, dem davor ein Denkmal gesetzt wurde, ist *Pouvanaa,* der sich sein Leben lang für die Selbständigkeit der Inseln einsetzte und 1972 starb.

Lenken Sie nun Ihre Schritte Richtung Boulevard Pomare, wo Sie bald darauf zum **Postamt** kommen, das Philatelisten eine Spezialabteilung bietet. Am südlichen Ende des Boulevard Pomare kann man sich im **Musée de la Perle ❺** eingehend über die kostbaren schwarzen Perlen, einem der wichtigsten Exportartikel Tahitis, informieren – und, wenn Ihre Reisekasse es erlaubt, auch gleich ein Schmuckstück erstehen (🕓 Mo–Fr 8–12, 14 bis 17.30 Uhr, Sa 9–12 Uhr).

✈ Internationaler Flughafen Faaa 6 km südlich von Papeete. Flugverbindungen s. S. 29.

❶ Marché
❷ Hôtel de Ville
❸ Notre Dame
❹ Vaimea Centre
❺ Musée de la Perle

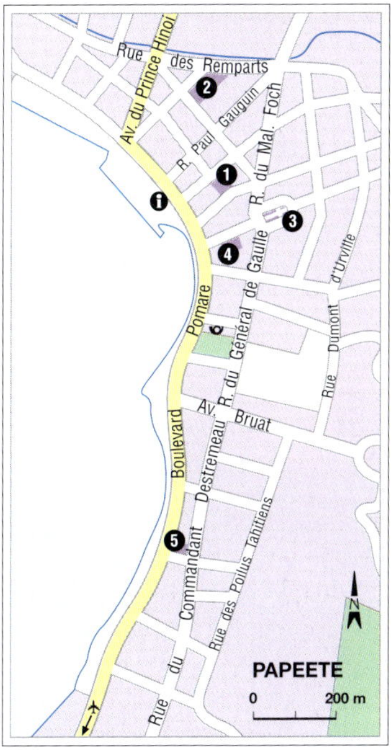

Seite 31

Entlang dem Boulevard Pomare in Papeete reihen sich die Anlegestellen für Kreuzfahrtschiffe, Fähren und Jachten. Schiffsverbindungen s. S. 29 und bei den jeweiligen Inseln.

Le Trucks ab Markt in Papeete in beiden Richtungen um die Insel. Kein Fahrplan, Zielort steht seitlich am Bus. Zu den meisten Hotels an der Westküste und Flughafen Richtung Faaa, Outumaoro, Punaauia. Bezahlt wird beim Aussteigen.

Tahiti Beachcomber Parkroyal, 8 km südlich von Papeete, ☎ 86 51 10, Fax 86 51 30. Luxushotel mit Blick auf Moorea, ein Teil der Zimmer ist auf Stelzen über dem Wasser erbaut. $$$–$$
Hyatt Regency, 7 km nordwestlich Papeetes, ☎ 48 12 34, Fax 48 25 44. Die Anlage zieht sich die Steilküste hinauf, weshalb alle Zimmer einen tollen Blick auf Papeete und Moorea bieten. $$$–$$
Sofitel Maeva Beach, 9 km südlich von Papeete am Meer, ☎ 42 80 42, Fax 43 84 70. Größtes Hotel der Insel, gute Tanzshows, teilweise schöner Blick nach Moorea. $$
Royal Tahitien, 5 km nördlich von Papeete, ☎ 42 81 13, Fax 41 05 35. Langer schwarzer Lavastrand, großzügige Anlage, 40 komfortable, geräumige Zimmer. Le-Truck-Haltestelle. $$
Le Mandarin, Rue Colette (gegenüber dem Rathaus), ☎ 42 16 33, Fax 42 16 32. Bestes Haus im Zentrum, ideales Stopover-Hotel, sauber und modern. $$
Royal Papeete, Boulevard Pomare, ☎ 42 01 29, Fax 43 79 09. Stadthotel für Preisbewußte, einfache, saubere Zimmer. Im Restaurant laben sich gern die Einheimischen an Seafood, Steaks und Salaten. $
Hotel Tahiti, 2 km südlich von Papeete am Meer, ☎ 82 95 50, Fax 81 31 51. Ältestes Hotel der Insel, einfache Zimmer und Bungalows. $

La Corbeille d'Eau, Boulevard Pomare, ☎ 43 77 14. Das beste Restaurant bietet französische Küche vom Feinsten. $$$
Jade Palace, Vaima Centre, Papeete, ☎ 42 02 19. Der beste Chinese der Stadt. $$
Lou Pescadou, Rue Anne-Marie Javouhey (hinter der Kathedrale), ☎ 43 74 26. Betriebsame Familienpizzeria mit französischer und italienischer Küche. Preiswert und gut. $$
Le Retro im Vaima Centre am Boulevard Pomare und **L'Oasis** im hinteren Teil des Vaima Centre. Frühstück, Kaffee und kleine Gerichte. $

Ab 17 Uhr fahren Les Roulottes, mobile Garküchen in umgebauten Kleinbussen, den Hafenkai von Papeete entlang. $

Nachtleben: Tanzshows mit polynesischem Büffet in den Hotels, die professionellste bietet freitags das Beachcomber Parkroyal. Diskos, Bars und Kneipen konzentrieren sich am oberen Boulevard Pomare in Papeete. Jazz, hin und wieder auch live, Mi–Sa im **Jazz Club New Orleans** hinter der Kathedrale.

Einkaufen: Informieren Sie sich vor dem Kauf von schwarzen Perlen im Musée de Perle; wenn Sie im dortigen Geschäft nichts finden, schauen Sie sich im Vaima Centre um. Kunsthandwerk, Holzschnitzereien und Flechtarbeiten finden Sie in großer Auswahl im Markt, bunte Wickeltücher *(pareos* oder *pareus)* rund um den Markt. Besser als in Papeete kaufen Sie Kunsthandwerk im Centre Artisanal Irihonu (s. S. 35). Im Vaima Centre verkauft Librairie Vaima Bücher und Landkarten, ein Kiosk deutsche Zeitungen und Zeitschriften (2–3 Wochen alt).

Rund um Tahiti

Eine rund 120 km lange Straße führt rund um Tahiti Nui. Die Kilometerzählung beginnt bei Papeete, steigt im Uhrzeigersinn bis Taravao an – von

In der Bergwelt von Moorea

dort gehen drei Stichstraßen ein Stückchen nach Tahiti Iti hinein – und fällt dann wieder bis auf 0 in Papeete. Sie sollten der Richtung folgen, wenn Sie die Insel umrunden, was an einem Tag durchaus möglich ist.

Seite 35

Tombeau du Roi Pomare V, km 5. Auf dem Gelände einer protestantischen Kirche fand der letzte König von Tahiti seine letzte Ruhestätte. Die Urne auf dem turmförmigen Grabmal nennen die Einheimischen scherzhaft Schnapsflasche – in Anspielung auf die Trunksucht des Königs, an der er 1891 starb.

Kurz darauf kommen Sie am Hyatt Regency vorbei, das spektakulär an der Küste klebt – zum Erlebnis kann hier der Sonnenuntergang auf der Terrasse werden. Oberhalb des Hotels bietet sich ein herrlicher Blick auf die *Baie de Matavai,* die *Pointe Vénus* und auf *Moorea.*

***Baie de Matavai,** km 10. In der Bucht bei *Mahina* gingen die ersten Entdecker und Seefahrer vor Anker. An der *Pointe Vénus* beobachtete und vermaß James Cook 1769 den Durchgang des Planeten Venus durch die Sonne, heute markiert durch einen 25 m hohen Leuchtturm. Eine Säule mit einer steinernen Kugel erinnert an das astronomische Experiment, ein obeliskförmiges Denkmal an die Landung der ersten protestantischen Missionare 1797.

Papenoo, km 17, zieren noch schöne kolonialzeitliche Holzhäuser. Es liegt an der Mündung von Tahitis größtem Fluß, der am höchsten Berg, dem *Orohena* (2241 m) entspringt. In Begleitung eines Bergführers und mit genügend Proviant, Wasser und Schlafsack ausgerüstet, können Sie den polynesischen Sitz der Götter in einer Mehrtagestour besteigen.

Hinter Papenoo schießen an den sogenannten **Trous de souffleur,** km 22, direkt neben der Straße Wasserfontänen aus Löchern im Felsen – die Brandung preßt das Wasser in enge Röhren im Gestein, und wo der Fels dem Druck nicht mehr standhält, bahnt sich das Naß einen Weg an die Oberfläche. Bald darauf zweigt eine kleine Straße in ein malerisches Tal ab. Vom Parkplatz führt ein markierter Pfad durch Urwald und Bambusdickicht in rund fünf Minuten zum beeindruckenden ***Vaimahuta-Wasserfall.**

An der Landenge zwischen Tahiti Nui und Tahiti Iti bauten 1844 französische Soldaten das ***Fort von Taravao,** km 53, das im Zweiten Weltkrieg als Internierungscamp für die wenigen Deutschen auf Tahiti diente. Heute ist es eine Kaserne.

Von hier lohnt sich die Fahrt auf das ***Plateau de Taravao** auf Tahiti Iti, einen der schönsten Aussichtspunkte der Insel in 600 m Höhe: Weit schweift der Blick über Tahiti Nui. Schön ist eine mehrtägige Trekkingtour in Tahiti Iti zu den Steilklippen Te Pari – Sie brauchen aber eine gute Kondition (*Circuit Vert,* Taravao, ☎ 57 22 67).

Setzt man die Inselrundfahrt auf Tahiti Nui fort – die Kilometerzählung verläuft nun absteigend –, kommt man an der Südküste zum ****Musée Gauguin,** km 51, das ganz dem berühmten Maler (s. S. 45) gewidmet ist; sogar einige Originale können Sie bewundern (🕓 tgl. 9–17 Uhr). Das Museum liegt im **Jardin Botanique,** mit dem der Amerikaner Harrison W. Smith seinen Lebenstraum verwirklichte: Er sammelte Pflanzen in Amerika, Afrika und Asien und setzte sie hier in die Erde. Das Ergebnis lädt zu einem geruhsamen Bummel ein. Im Restaurant am Meer können Sie sich unter schattenspendenden Bäumen mit guten Fischgerichten stärken ($).

Kurz vor *Mataiea,* wo Gauguin von 1891 bis 1893 mit seiner polynesischen Frau Teha'amana, die ihm Modell für viele Bilder stand, lebte, zweigt bei km 47,6 ein nur für Geländewagen befahrbarer Weg zum **Lac de Vaihiria** ab. Der Fußweg, von senkrechten Klippen gesäumt, und die spektakulären Wasserfälle am See, lohnen die Mühe des dreistündigen Marsches.

Zwischen Mataiea und Papara liegt der einzige Golfplatz Tahitis, auf dem Sie 18 Löcher bespielen können. In einem Flußtal kurz vor *Paea* steht das ***Marae Arahurahu,** km 22, eine restaurierte steinerne Kultstätte der Polynesier, während des Heiva-Festes (s. S. 19) historische Kulisse polynesischer Riten.

Das Musée Gauguin auf Tahiti

Kunsthandwerkern über die Schulter schauen können Sie im **Centre Artisanal Irihonu,** km 20. Hier sind Sie richtig, wenn Sie qualitativ gutes Kunsthandwerk erwerben möchten. (🕓 Mo–Fr 9–17.30, Sa 9–13 Uhr.)

Das ****Musée de Tahiti et des Iles,** km 15, in Punaauia, das beste Museum der Südsee, stellt anschaulich Natur, Kultur und Geschichte Polynesiens vor. Hier finden Sie u. a. eine umfangreiche Kanusammlung. (🕓 tgl. außer Mo 9.30 bis 17.30 Uhr).

Der bunte Markt von Papeete

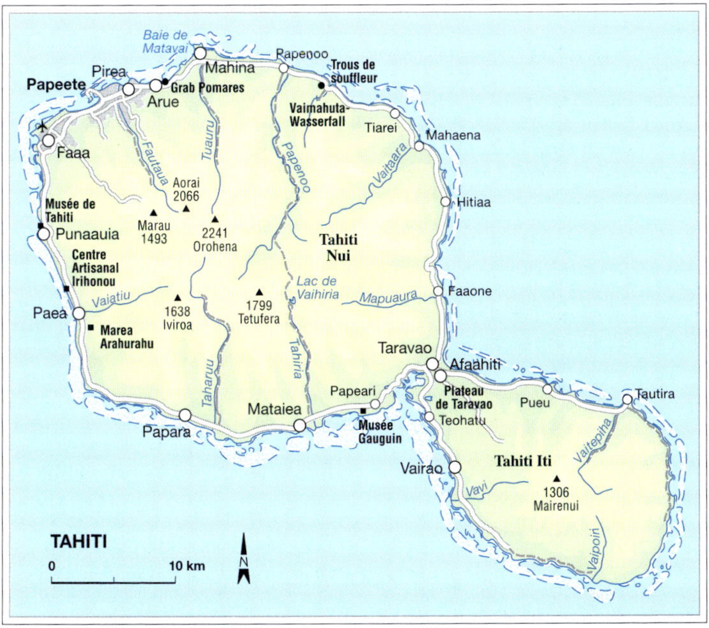

Ausflug nach *Tetiaroa

Das einzige Atoll der Gesellschaftsinseln – ein Ring von 13 *motu,* die meisten Vogelschutzgebiet, – liegt 42 km nördlich von Tahiti. Hierhin zog sich früher häufig die königliche Familie Pomare zurück. 1966 kam das Atoll in den Besitz von Marlon Brando, der sich während der Dreharbeiten zur „Meuterei auf der Bounty" in eine Tahitianerin verliebte und sie heiratete. Der Schauspieler lebt zwar längst nicht mehr auf Tetiaroa, aber sein Name lockt immer noch viele Besucher zu Tagesausflügen (das Hotel ist verwahrlost und nicht zu empfehlen) auf die Insel – die makellos weißen Strände und die kristallklare Lagune laden zum Schwimmen und Schnorcheln ein.

Seite 37

✈ Tgl. mit Air Tahiti ab Papeete, Flugzeit 20 Min.
⛴ Mit dem schnellsten Katamaran des Südpazifiks, *Jet France,* tgl. ab Papeete, ☎ 56 15 62.

** Moorea

In Sichtweite Tahitis liegend, gehört diese Insel mit ihren markanten, steil in den Himmel ragenden Bergen zu den schönsten der Südsee. Der Tourismus ist die Haupteinnahmequelle der 9000 Einwohner, entlang der sonnigen Nord- und Westküste reiht sich ein Hotel an das andere. Trotzdem ist Moorea ruhig und beschaulich geblieben. Auch die Bewohner des geschäftigen Papeete fliehen gern am Wochenende in dieses Naherholungsziel. Das Flugzeug braucht nur wenige Minuten, die schnellen Ausflugsboote gerademal eine halbe Stunde. Die 60 km lange Straße rund um die Insel ist asphaltiert und kann auch mit dem Fahrrad an einem Tag umrundet werden.

An der Nordküste bei Maharepa steht das *Bali Hai Hotel,* mit dem 1961 der Tourismus auf Moorea begann. Das weiße Kolonialhaus gegenüber namens **Maison Blanche,** einst Wohnhaus eines reichen Plantagenbesitzers, ist heute Souvenirshop. An der ***Baie de Cook,** in der der englische Seefahrer 1769 ankerte, wurde einer der zahlreichen Bounty-Filme gedreht. Fotografen werden auf der Küstenstraße von einem Entzücken ins andere fallen: Die tiefblaue Bucht mit der Kulisse der grünen, bizarren Berglandschaft macht sich auf Bildern ungemein gut. Hinter der nächsten Landzunge öffnet sich der Blick auf die zweite spektakuläre Bucht, die ***Baie d'Opunohu.** Von beiden Buchten windet sich eine Straße durch Ananas-, Vanille- und Gemüseplantagen die Berge hinauf zum Aussichtspunkt ***Belvédère,** von dem der Blick über den Rotui-Berg über die beiden Buchten schweift. Auf dem Weg kommt man an einer ganzen Reihe von Marae vorbei, die 1969 restauriert wurden.

In **Papetoai** wurde der polynesische König Pomare I. zum Christentum bekehrt. Die englischen Missionare bauten zum Triumph über das Heidentum 1811 die achteckige **Kirche,* genau über den Grundfesten einer alten polynesischen Kultstätte.

An der Nordwestküste werden im **Tiki Village** polynesische Tänze vorgeführt und tahitianische Festessen veranstaltet – für Touristen und nicht eben authentisch.

Empfehlenswert ist eine Bergtour per Jeep mit ortskundigem Führer; alternativ können Sie ein Mountainbike mieten und die Insel auf eigene Faust erkunden oder sich einer organisierten Tour anschließen. Wasserratten können segeln und tauchen; die besten Strände liegen im Nordwesten beim Hotel Le Tipaniers und an der Ostküste beim Hotel Ia Ora. Zwei Reitställe bieten Touren hoch zu Roß rund um die Insel an (*Rupe Rupe,* gegenüber Club Med, ☎ 56 26 52; *Tiahura,* ☎ 56 28 55). Ausgefallene Pareos mit Gauguin-Motiven finden Sie im Lily Shop in Maharepa, gegenüber dem Hotel Bali Hai. Nachtschwärmer können sich am Wochenende in der Disko Chez Billy, südlich vom Club Med, austoben.

Tgl. Flüge von/nach Tahiti, Raiatea, Huahine und Bora Bora. Air Moorea unterhält von/nach Papeete einen Shuttledienst (8–18 Uhr).

Katamarane *Aremitii II* und *Tamahine Moorea* mehrmals tgl. von/nach Papeete; Schnellboot *Ono Ono* (s. S. 29); Autofähre *Tamarii Moorea* ab Papeete (1 Std.), Tickets am Moorea Boat Dock in Papeete; günstige Pauschalangebote für Fähre und Leihwagen. Schiffsanleger in Vaiare an der Ostküste Mooreas; Transfer zu den Hotels mit Le Truck. Auto-, Fahrrad- und Mopedverleih am Dock.

Moorea Beachcomber Parkroyal, km 28, im Nordwesten, 56 19 19, FAX 55 19 55. Luxushotel mit Bungalows am und über Wasser. $$
Club Med Moorea, km 26, im Nordwesten, 42 96 99, FAX 42 16 83. Mit 350 Bungalows die größte Anlage Polynesiens. Schöner Strand. $$
Sofitel la Ora, km 1, 2 km südlich des Flugplatzes, 56 12 90, FAX 41 05 05. Schöne, weitläufige Bungalowanlage am Strand. Gute Tanzshows. $$–$
Bali Hai Moorea, km 5, Maharepa (Nordküste), 56 13 59, FAX 56 19 22. Die Wiege des Moorea-Tourismus hat heute noch viel Flair. Schöner Strand, nette Atmosphäre, Zimmer und Bungalows am und über Wasser. $$–$
Les Tipaniers, km 26,5 (Nordwestküste), 56 12 67, FAX 56 29 25. Nette kleine Bungalowanlage an schönem Strand, ungezwungene Atmosphäre. Gute italienische Küche. $
Moorea Village, km 28,5 (Westküste), 56 10 02, FAX 56 22 11. Hübsche Anlage mit Bungalows auf engem Raum am Strand. $
Fare Vai Moana bei km 27,5, an der Nordwestküste, und FAX 56 17 14. Neue kleine Anlage am weißen Strand. Die gut ausgestatteten Bungalows bieten Platz für 4 Personen. $

Camping Chez Nelson, 56 15 18, und **Moorea Camping,** 56 14 47, FAX 56 30 22; beide km 30, am Strand der Nordwestküste.

Die „Club Med 2" ankert in der Baie de Cook

Triumpf über das Heidentum: die Kirche in Papetoai

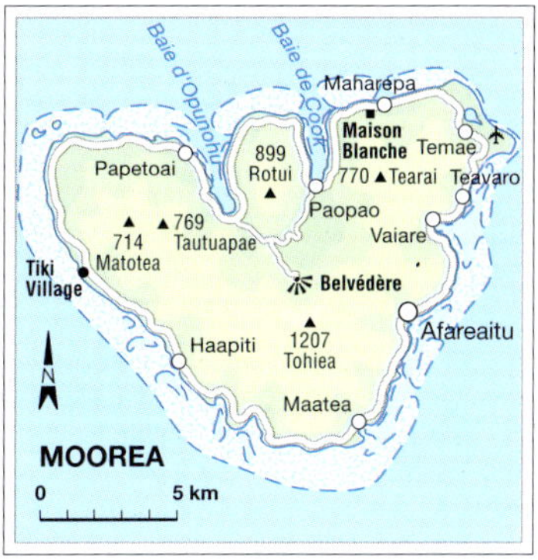

Te Honu Iti, Baie de Cook, neben dem Markt von Paopao, km 10, direkt am Wasser, 56 19 84. Ausgezeichnete französisch-pazifische Küche. ($)
Linareva, km 30, an der Westküste, 56 15 35. Auf einer ausrangierten Moorea-Fähre werden Fischgerichte und Meeresfrüchte serviert. ($)

Seite 39

*Bora Bora

Atemberaubend ist der Blick aus dem Flugzeug beim Anflug: Wie eine Fata Morgana erhebt sich aus dem Meer ein perfektes landschaftliches Ensemble – hohe Vulkankegel inmitten einer türkisfarbenen Lagune, umringt von einem Kranz kleiner Motus. An Land läßt die Faszination nach, die Strandabschnitte sind dicht mit Hotels bebaut und touristisch voll erschlossen. Die Preise sind hier noch etwas höher als auf allen anderen Inseln, dafür hat die polynesische Gastfreundlichkeit spürbar unter dem Besucherandrang gelitten. Das soll nicht von einem Besuch abschrecken, aber für einen längeren Aufenthalt gibt es bessere Inseln – es sei denn, man leistet sich eines der exklusiven und entsprechend teuren Luxushotels.

Die beiden wichtigsten polynesischen Kultstätten der Insel sind das restaurierte *Marae Marotetini,* gleich nördlich des Jachtklubs, der einst bedeutendste Tempel auf Bora Bora, und das *Marae Taianapa.* In der *Baie Faanui* legten die Amerikaner im Zweiten Weltkrieg einen Marinestützpunkt an. Die Japaner drangen nie bis hierher vor, die GIs aber lebten wie Gott in Frankreich und begründeten so den Ruhm der Insel. Zurück blieben einige verrostete Geschütze rund um die Insel. Am Südkap reiht sich eine Hotelanlage an die andere. Aus der Platznot wurde eine teure Tugend: Die Stelzenbungalows, die von einigen Luxushotels in die blaue Lagune hinausgebaut wurden, gehören mit Preisen bis zu 1000 DM am Tag zu den teuersten Unterkünften der Südsee.

Der einzige öffentliche Strand liegt an der Pointe Matira, gegenüber dem Moana Beach Parkroyal; die besten Strände finden Sie ohnehin auf den Motus am Außenrand der Lagune, die Sie auf Bootsausflügen erreichen.

Nicht versäumen sollten Sie eine Bootstour inklusive Picknick auf einem Motu und Haifischfütterung im seichten Wasser der Lagune. Auch Segler und Taucher können sich in und um Bora Bora vergnügen. Landratten können die Insel an einem halben Tag gemütlich per Fahrrad umrunden; Alternativen sind Mietwagen oder -motorroller. Ins bergige Innere werden Jeepsafaris angeboten. Wer bergwandern möchte, z. B. auf den 249 m hohen Papoti-Berg, sollte sich einem Führer anvertrauen.

Nächtliche Vergnügungen beschränken sich auf das Wochenende, wenn die Disko La Recif vor dem Jachtklub seine Pforten öffnet. Immer für einen gemütlichen Drink gut ist die Bar des Bloody Mary's Restaurant in Matira.

Der Flugplatz liegt auf einem Motu im Norden (25minütige Bootsfahrt zum Hauptort *Vaitape* an der Westküste im Flugpreis eingeschlossen). Flüge von/nach Tahiti, Moorea, Huahine, Raiatea, Maupiti, Rangiraoa und Manihi.

Schnellboot *Ono-Ono* (s. S. 29) ab Papeete 7,5 Std., Fähren brauchen für die Strecke rund 20 Std. Die Schiffe legen auf Bora Bora in Vaitape oder in der Baie Faanui an.

Le Truck zwischen Bootsanleger und allen Hotels.

Bora Bora Lagoon Resort, Motu Toopua, gegenüber von Vaitape, 60 40 00, FAX 60 40 03. Exklusives Hotel mit phantastischem Blick auf Lagune und Bergkulisse. Alle Bungalows direkt am Strand oder über Wasser. ($$)
Hotel Moana Beach Parkroyal, Pointe Matira, 60 49 00, FAX 60 49 99. Luxusbungalows über glasklarem

Wasser, weißer Strand. $$$
Hotel Bora Bora, kurz vor Matira, ☎ 60 44 60, FAX 60 44 66. Ältestes Luxushotel mit viel Atmosphäre. Sehenswerte Gartenanlage, die großen Bungalows sind zum Teil in die Lagune gebaut; schöner Strand. $$$
Hotel Sofitel Marara, im Südosten, ☎ 67 70 46, FAX 41 05 05. Bungalows auf engem Raum, kleiner Strand. $$$
Club Med Bora Bora, hinter Sofitel Marara, ☎ 42 96 99, FAX 42 16 83. Klubleben direkt am Strand. $$$
Village Pauline, neben Moana Beach Parkroyal, ☎ 67 72 16, FAX 67 78 14. Einfache Bungalows mit und ohne Bad und Küche am Strand. $$–$

△ **Village Pauline,** Pointe Matira, ☎ 67 72 16.

Ⓡ **Bamboo House,** Baie de Povaie, ☎ 67 76 24. Französische Küche, Meeresfrüchte. $$
Restaurant Tiare, Matira, ☎ 67 61 39. Kleine Gerichte, Fisch, Meeresfrüchte. $$
L'Appetisserie, Vaitape. Leckeres Gebäck, Frühstück, Kaffee, kleine Gerichte. $

Landeanflug auf Bora Bora

Luxus pur: das Bora Bora Lagoon Resort

** Huahine

175 km nordwestlich von Tahiti lockt ein verträumtes polynesisches Idyll ohne Lärm und Hektik. Die blaue Lagune fügt sich mit den grünen Berghängen, dem rotbraunen Lehmboden und den schneeweißen Stränden zu einer malerischen Komposition. Eingebettet in die zauberhafte Landschaft sind zahlreiche archäologische Kleinode aus einer Zeit, in der die Insel ein bedeutendes polynesisches Machtzentrum war. Wie Tahiti ist Huahine (4500 Einw.) aus zwei Vulkaninseln entstanden, die über eine Landenge zusammenwuchsen. Die beiden Hälften heißen *Huahine Nui* und *Huahine Iti,* umschlossen sind sie von

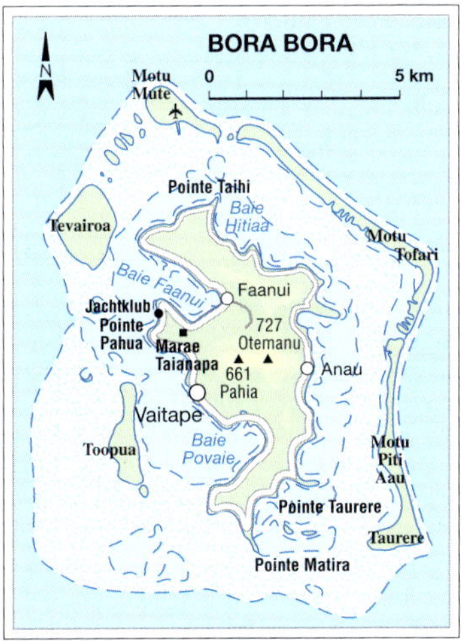

Seite 41

einem Barrierereiff mit kleinen Motus. Die Landmasse ist durch tiefeingeschnittene Buchten zergliedert. Auf den Motus vor der Nord- und Ostküste werden Wasser- und Zuckermelonen angebaut, auf der Insel selbst Vanille und Kaffee.

Hauptort ist das verschlafene **Fare;** hier legen die Fähren an, hier finden Sie Bank, Post, Polizei und Krankenhaus. Die kulturelle Bedeutung der Insel lassen die ****archäologischen Fundstätten von Maeva** erkennen. Von ursprünglich 40 Marae (um 750 n. Chr.) sind etwa 20 restauriert worden. An der Lagune sehen Sie die steinernen Überreste mehrerer Marae. Die bedeutendste Kultstätte liegt auf einem Hügel oberhalb des Ortes: *Marae Matairerea-rahi.* Am Ortsausgang fallen in der Lagune beiderseits einer Brücke trichterförmige Steinwälle auf, Fischreusen aus voreuropäischer Zeit, die heute noch in Funktion sind.

Das Südkap umsäumen die schönsten weißen Sandstrände der Insel. Die beiden Hotelanlagen dort bieten einen schönen Blick auf die benachbarte Insel *Raiatea.* Von hier kann man mit dem Boot zum *Motu Araara* hinüberfahren, wo ein paradiesischer Strand lockt. Zwischen den beiden Hotels weist ein Schild den Weg zum **Marae Anini,* das direkt am Meer liegt.

Auf einer Landzunge im Westen liegt versteckt im Dschungel die bemerkenswerte Hotelanlage ***Hana Iti:** Die im traditionellen Stil gebauten Luxushütten kleben wie Vogelnester am Hang, mit Blick auf die wunderschöne Bucht.

Die 32 km lange Straße um die Insel ist zur Hälfte geteert. Wer nicht auf eigene Faust die Strecke in einem halben Tag im gemieteten Jeep machen möchte, kann sich alternativ einer geführten Tour anschließen (Enite Excursions, ☎ 68 82 37; Lovina Excursions, ☎ 68 88 06; Maeva Nui, ☎ 68 81 76). Jeepsafaris um die Insel oder ins Gebirge bieten Huahine Land (☎ 68 89 21) und Piteta Tours (☎ 68 82 31) an. Die Insel per Boot zu umrunden oder auf einem Motu zu picknicken, ist eine ausgesprochen angenehme Art, seine Zeit zu verbringen (Mataira Excursions, ☎ 68 89 16; Moana Tropicale Excursions, ☎ 68 87 05; Huahine Boat Cruising, ☎ 68 72 72). Sportlichere Naturen wagen sich auf dem Surfbrett in die Brandung. Ob Anfänger oder Fortgeschrittener: Ein Ritt entlang des Strandes oder ins Inselinnere gehört zu den besonderen Erlebnissen (La Petite Ferme, ☎ 68 82 98); es werden sogar 2- und 3tägige Wanderritte angeboten. Die Abwechslung nach Sonnenuntergang hält sich in Grenzen; empfehlenswert ist die polynesische Tanzshow im Hotel Sofitel Heiva.

✈ Flughafen 3 km nördlich von Fare. Verbindungen mit Tahiti, Moorea, Bora Bora und Raiatea.

⛴ Schnellboot *Ono-Ono* (s. S. 29), Frachter und Fähren legen mitten in Fare an.

🚌 Von und zu den Fähren und dem Flughafen.

Ⓗ **Hana Iti,** im Westen von Huahine Iti, ☎ 68 85 05, FAX 68 85 04. Originelle Luxusbungalows (s. oben), schöner Strand. ($$)

Sofitel Heiva Huahine, Motu Papiti, ☎ 68 86 86, FAX 41 05 05. Weitläufige Anlage in einem Palmenhain am Meer; schöner Strand. Gute Tanzshow. ($$)–($)

Huahine Beach Club, Südkap, ☎ 68 81 46, FAX 41 09 28. Neue, großzügige Bungalows in traditionellem Stil; schöner Strand. ($)

Bali Hai Huahine, 2 km von Fare. ☎ 68 84 77, FAX 68 82 77. Romantische Bungalowanlage um einen seerosenbewachsenen See; kleiner Strand, attraktive Zimmer. ($)

Te Moana, neben Bali Hai, ☎ und FAX 68 88 63. Sechs polynesische Bungalows mit Bad, einfach, aber sauber; kleiner Strand. ($)

Pension Guynette, mitten in Fare, ☎ 68 83 75. Mehrbettzimmer mit Gemeinschaftsküche und -bad. ($)

⚠ **Chez Lovina,** Fare.

Orio, Quai des Bonitiers, Fare, ☎ 68 83 03. Tahitianische, chinesische und französische Küche. $$–$
Te Marara, Fare, direkt am Wasser, ☎ 68 89 31. Fisch und Meeresfrüchte, Steaks, Salate – dazu einen grandiosen Sonnenuntergang vor der Kulisse von Raiatea. $

Seite 43

* Raiatea und Tahaa

Die zweitgrößte Insel Französisch-Polynesiens liegt 220 km nordwestlich von Tahiti. Ein Riff mit zahlreichen Motu schließt auch das kleine Tahaa ein. *Raiatea* (8500 Einw.) war einst Sitz eines Königreichs und kulturelles Zentrum Polynesiens, heute ist es das Verwaltungszentrum der westlichen Gesellschaftsinseln. Die 4000 Bewohner von *Tahaa* leben vom Vanilleanbau. Beide Inseln sind touristisch noch wenig erschlossen; schöne Strände haben die Motu am Außenriff. Der entdeckungsfreudige Besucher findet hier jedoch eine Fülle von Ausflugsmöglichkeiten zu Lande und in der Lagune.

Raiatea ist ein idealer Standort für Segler, Taucher, Fischer und Wanderer, die sich nicht unbedingt ein Luxushotel leisten wollen. Hier haben sich große Jachtcharter-Unternehmen angesiedelt (Stardust Marine, ☎ 66 23 18, FAX 66 23 19; The Moorings, ☎ 66 35 93, FAX 66 20 94; Tahiti Yacht Charter, ☎ 66 28 86, FAX 66 28 85). Rund um das Außenriff finden Sie sehr gute Tauchplätze, wunderschöne Schnorchelgebiete liegen vor den Hotels Hawaiki Nui und Sunset Beach. Bootsausflüge führen zu den Stränden der Motu am Außenriff sowie nach Tahaa, wo Sie eine Vanille- und eine Perlenfarm besichtigen können. An Land bieten sich Jeepsafaris in die Berge und eine Dschungelfahrt auf dem Apoomai River an (Baie Faaroa).

Die Küstenstraße Raiateas ist nur im nördlichen Teil der Insel asphaltiert, kann jedoch überall mit normalen

Die archäologischen Fundstätten von Maeva: Marae (oben) und Fischreusen (unten)

Seite 43

Mietwagen befahren werden. Rund fünf Stunden werden Sie für die 100 km lange Umrundung brauchen; versorgen Sie sich auf jeden Fall im Hauptort *Uturoa* mit Benzin, Sie werden weit und breit keine weitere Tankstelle finden!

Uturoa ist zwar die zweitgrößte Stadt Französisch-Polynesiens, interessant aber eigentlich nur für Einkäufe – hier können sich vor allem Segler mit allem Notwendigen eindecken. Für Nachtschwärmer bietet Uturoa die Disko Zenith, während der Woche können Sie sich einen kühlen Drink in der Bar des Le Quai des Pêcheurs am Hafen genehmigen, am Wochenende sogar zu Diskomusik.

Das ** *Marae Taputapuatea* im Südosten der Insel ist eine der wichtigsten Kultstätten Polynesiens. Die rechteckigen steinernen Fundamente des Tempels liegen in der Nähe von *Opoa*, versteckt in einem Palmenhain am Meer. Der wahrhaft mystische Ort war dem Fruchtbarkeits- und Kriegsgott Oro geweiht. Hierher pilgerten auch Polynesier aller anderen Inseln. Zum mythischen Geburtsort des Gottes Oro, dem * *Plateau Temahani Rani* im zentralen Bergmassiv, werden geführte Touren angeboten. Hier wächst auch eine der seltensten Blumen Tahitis, die Tiare Apetahi, deren stark duftende Blüten Grundlage zur Herstellung des bekannten Südsee-Parfums sind.

Eine sehenswerte Sammlung von Muscheln und Schalentieren aller Art bietet das kleine * *Musée des Coquillages* an der Marina Apooiti im Norden der Insel (🕓 tgl. 9–12, 14–17.30 Uhr; So vormittag geschl.). Im angeschlossenen Laden finden Sie schöne Souvenirs.

Von der Nordspitze Raiateas fahren Fährboote über die Meerenge nach **Tahaa.** Dort findet alljährlich in der letzten Oktoberwoche das große * *Stonefishing Festival* statt (s. S. 19). Das ganze Jahr über können Sie sich in einer *Perlenfarm* über die Entstehung der kostbaren Kügelchen informieren und sich auf einer *Vanillefarm* demonstrieren lassen, wie Vanille, eine Orchideenart, gepflanzt wird und wie man die Früchte erntet und trocknet.

✈ Flughafen auf Raiatea, 3 km nördlich von Uturoa. Flüge von/nach Tahiti, Moorea, Huahine, Bora Bora und Maupiti.

⛴ Schnellboot *Ono-Ono* (5 Std. ab Papeete, s. S. 29), Frachter und Fähren legen in Uturoa an.
Der Katamaran *Aretini* umrundet in rund 2,5 Std. Tahaa regelmäßig und hält an den wichtigsten Orten (☏ 65 61 61). Schnelle Personenfähren *Navette des Iles Uporu* fahren mehrmals täglich ab Uturoa nach Tahaa (☏ 65 67 10).

🚌 Tagsüber in alle Richtungen ab Markt in Uturoa auf Raiatea.

Ⓗ *Raiatea:*
Hawaiki Nui Hotel, 2 km hinter Uturoa am Wasser, ☏ 66 20 23, FAX 66 20 20. 32 Bungalows am und über Wasser mit originellen Bädern. Ein gutes Schnorchelrevier liegt direkt vor der Tür. $$
Sunset Beach Motel Apooiti, 2 km südwestlich des Flughafens, ☏ 66 33 47, FAX 66 33 08. 22 geräumige Bungalows im Palmenhain für 4 Personen, komplett mit Küche und Veranda zum Meer. Schöne Anlage. $$–$
Raiatea Village, 12 km südlich von Uturoa am Meer, ☏ 66 31 62, FAX 66 10 65. Gepflegte und saubere Bungalows, jeweils mit Küche und vier Betten. $
Pension Manava, Avera, ☏ 66 28 26, FAX 66 16 66. Vier attraktive Bungalows an der Bergseite. $
Pension Greenhill, Baie Faaroa, ☏ 66 37 10, FAX 66 26 25. Einfache Zimmer mit Bad und tollem Blick auf die Bucht. Reizende Gastgeber, gutes Essen. $
Koaha Nui Ranch, Avera, ☏ und FAX 66 25 46. Neues Haus mit netten, gepflegten Mehrbettzimmern und Gemeinschaftsbad. $

Sunset Beach Motel, 5 km nördlich des Flughafens, und **Peter's Place,** Avera.

Tahaa:
Vahine Island, Motu Tuuvahine, ☎ 65 67 38, FAX 43 17 86. 8 Bungalows am Strand, drei über Wasser; gehobene Ausstattung, sehr ruhig. $$
Hotel Marina Iti, an der Baie Apu im Süden, ☎ 65 61 01, FAX 65 63 87. Kleine, familiäre Bungalowanlage am Strand, gute Schnorchelplätze. $$

Club House, Marina Apooiti, Tahaa, ☎ 66 11 66. Stimmungsvolle Sonnenuntergänge, gutes Essen, große Portionen. $$
Moana, ☎ 66 27 49, und **Jade Garden,** ☎ 66 34 40, beide sind gute Chinesen in Uturoa, Raiatea. $$
Moemoe, am Hafen von Uturoa, Raiatea, polynesische Gerichte, Langusten und Shrimps. $

Die Tuamotus

Die 77 Atolle, über eine Meeresfläche von der Größe Mitteleuropas verstreut, waren von allen Kapitänen wegen ihrer Korallenriffe gefürchtet – man nannte sie „gefährliche Inseln“. Heute könnte man sie mit Fug und Recht „gefährdete Inseln“ nennen, denn auf Muroroa und Fangataufa im Südosten des Archipels zündeten die Franzosen von 1963 bis 1996 ihre Atombomben. Makellos weiße Strände zieren fast alle Inseln, von denen Bootsausflüge zu Motu angeboten werden, u. a. zur Blue Lagoon auf dem Motu Taeoo,

Fähren sind ein wichtiges Verkehrsmittel (hier im Hafen von Fare, Huahine)

Seite 43

die ihren Namen der intensiven Farbe des Wassers verdankt (Pohu Excursions, ☏ 96 04 68; Heikura Iti, ☏ 96 02 88; Te Tiare Excursions, ☏ 96 85 85). Die Atolle sind ein Dorado für Schnorchler und Taucher; weniger wegen der Korallen, die hat ein Hurrikan schwer beschädigt, sondern wegen der vielen Großfische. Segler finden ein ganz besonderes attraktives Angebot: Ein Segeltörn bis nach Raiatea, wo das Boot abgegeben werden kann (Info und Buchung: Stardust Marine, ☏ 66 23 18).

***Rangiroa** ist mit einer Ausdehnung von über 1000 km² das größte Atoll der Gruppe. Es umschließt eine 80 km lange und bis zu 25 km breite Lagune. Die beiden Dörfer *Avatoru* und *Tiputa* liegen auf benachbarten Motus.

***Manihi** liegt 200 km (40 Flugminuten) von Rangiroa entfernt. Die nur 400 Einwohner leben hauptsächlich in dem Dorf *Turipaoa*. Ihre Haupteinnahmequelle ist die Zucht schwarzer Perlen in der Lagune. Beim Besuch einer Perlenfarm können Sie zusehen, wie der lebenden Muschel der Fremdkörper eingesetzt wird, um den herum sich dann die Perle bildet. Rohe Perlen sind dort auch günstig zu erwerben. Man züchtet mit der nur in der Südsee vorkommenden Schwarzlippigen Perlauster *(Pinctada margariti fera)*. Die Perlen sind nicht tiefschwarz, sondern zeigen verschiedene Abstufungen von Anthrazit mit einem leichten Schimmer in den Regenbogenfarben. Der Wert einer Perle hängt ab von ihrer Größe, der Glattheit der Oberfläche und dem Gewicht. Kaufen Sie nur mit Echtheitszertifikat, das auch ein Röntgenbild enthalten sollte, das die Dicke der Perlmuttschicht zeigt.

✈ Flugverbindung ab Papeete über Rangiroa nach Manihi.

⛴ Unregelmäßig Frachter.

Ⓗ *Rangiroa:*
Kia Ora Village, 3 km südlich des Flughafens, ☏ 96 02 22, FAX 96 02 20. Strandbungalows in einer schöner Gartenanlage, einige auf Stelzen in die Lagune gebaut; gehobene Ausstattung. $$$
Kia Ora Sauvage, Motu Avearahi, ☏ 96 02 22. 5 originelle Bungalows im polynesischen Stil am Bilderbuchstrand. $$$
Rangiroa Beach Club, 1 km südlich des Flughafens, ☏ 96 03 34, FAX 41 09 28. Polynesische Bungalows am felsigen Strand. $$
Raira Lagon, hinter dem Beach Club, ☏ 96 04 23, FAX 96 05 86. Nette Bungalows am Wasser, gepflegte Anlage. $

⚠ **Chez Nanua,** 3 km westlich des Flughafens.

Ⓗ *Manihi:*
Manihi Pearl Beach Resort, nahe Flugplatz, ☏ 96 42 73, FAX 96 42 72. Attraktive Bungalows über Wasser und am Strand. Gutes Schnorchelrevier. $$$–$$
Le Keishi, Motu Taugaraufara, ☏ 96 43 13, FAX 96 42 09. Einfache Bungalows am Strand, mit Halbpension. $$–$

Die *Marquesas

Die Inselgruppe 1200 km nordöstlich von Tahiti besteht vorwiegend aus vulkanischen Inseln, deren Küsten felsig und teilweise unzugänglich sind. Das Landesinnere ist bergig und von fruchtbaren Tälern durchzogen, die 7000 Einwohner leben von der Landwirtschaft. **Hiva Oa, Nuku Hiva** und **Fatu Hiva** sind die bekanntesten Inseln.

Der französische Maler Paul Gauguin (siehe rechts) ließ sich um die Jahrhundertwende auf Hiva Oa nieder und starb dort 1903. Auch der belgische Chanconnier Jacques Brel ist hier begraben.

Die Marquesas werden von Seglern wegen ihrer sicheren Ankerplätze gerne angelaufen. Touristisch sind sie noch wenig erschlossen.

Da die Küsten felsig sind, gibt es kaum Strände. Dafür kann man viel wandern und vor allem Ausritte in die Berge unternehmen – die Marquesas sind die Heimat vieler Wildpferde.

Südseetraum auf Rangiroa

✈ Air Tahiti fliegt mehrmals in der Woche ab Papeete. Flugplätze auf Nuku Hiva, Ua Pou, Ua Huka und Hiva Oa.

⛴ Frachter regelmäßig ab Papeete nach Hiva Oa, Nuku Hiva, Ua Pou, Fatu Hiva. Kreuzfahrtschiff *Aranui* und Segeltörns (s. S. 30).

Ⓗ **Hotel Keikahanui Inn,** auf Nuku Hiva, Taiohae (2 km vom Dock), ☎ 92 03 82, FAX 92 09 74. Bungalows mit Blick auf die Bucht. Ⓢ
Hotel Hanakee, auf Hiva Ova, Atuona, ☎ 92 71 62, FAX 92 72 51. 5 Bungalows an der Baie de Tahauku. Ⓢ
Nuku Hiva Village, auf Nuku Hiva, ☎ 92 01 94, FAX 92 05 97. Individuelle Bungalows am Wasser, Restaurant, Bar. Ⓢ

Schwarze Perlen – das Gold von Manihi

Paul Gauguin

„Ich möchte frei sein zu malen, an Ruhm bin ich nicht interessiert." Mit diesem Vorsatz schiffte sich der Pariser Maler Paul Gauguin 1891 nach Tahiti ein. Er suchte dort ein natürliches einfaches Leben, ohne die gesellschaftlichen Zwänge des ihm verhaßt gewordenen Europa. Der Aussteigertraum geriet zur menschlichen Tragödie, erst nach seinem Tod wurde Gauguin berühmt.

Zunächst ließ sich Gauguin in einem kleinen Dorf nieder und nahm sich eine junge Tahitianerin als Geliebte und Modell. Mit grobem Pinselstrich und satten Farben porträtierte er seine Polynesierinnen in einem für seine Zeit unkonventionellen Stil. Nach kurzem Intermezzo in Paris, wo niemand seine Bilder wollte, kehrte er 1895 unverstanden und enttäuscht nach Tahiti zurück. Doch dort holte ihn die französische Gesellschaft, der er entfliehen wollte, in Gestalt von kleinbürgerlichen Kolonialbeamten und Kaufleuten wieder ein. Das einfache polynesische Leben, das er gesucht hatte, war zumindest auf Tahiti längst den Zwängen des Gelderwerbs zum Opfer gefallen.

Von Syphilis gezeichnet und von Depressionen verfolgt, malte er wie besessen reihenweise seine Meisterwerke. Mit dem Vorschuß eines Kunsthändlers zog er sich dann auf die Marquesas zurück und starb dort 1903 auf Hiva Oa, einsam und verbittert.

Cook-Inseln

Trommel-Stakkato und schwingende Hüften

Polynesische Tänze sind Volkssport und Touristenattraktion Nummer eins auf den Cook-Inseln. Die schönsten Mädchen und knackigsten Männer der Inseln buhlen allabendlich auf den Floorshows der Hotels um die Gunst der Zuschauer. Tempo ist Trumpf und erotische Austrahlung durchaus beabsichtigt. Dennoch sind die Cooks kein Sündenbabel der Südsee, dafür waren die Missionare zu gründlich. Sonntags geht man züchtig bedeckt in die Kirche und singt herzzerreißende Choräle. Die größte der 15 Inseln ist Rarotonga, auf der Sie auch die meisten Unterkünfte finden. Die schönsten Strände und eine Lagune aus dem Südsee-Bilderbuch nennt das Atoll Aitutaki sein eigen.

Geschichte – Gesellschaft

Die südlichen Cook-Inseln wurden etwa 800 n. Chr. von Ostpolynesien aus besiedelt, den Inseln des heutigen Französisch-Polynesien. Die ersten europäischen Entdecker waren die Spanier Mendaña (1595) und Quirós (1606). Der englische Captain James Cook, nach dem die Inseln später benannt wurden, kartographierte während seiner Pazifikreisen 1773 und 1777 einige Inseln, segelte aber erstaunlicherweise an der größten, Rarotonga, vorbei.

1888 wurden die Inseln zum britischen Protektorat erklärt, 1901 förmlich von Neuseeland annektiert. Bis in die 60er Jahre blieben die Cook-Inseln eine Kolonie Neuseelands, erst 1965 wurden sie in die Selbständigkeit entlassen, verblieben jedoch in freier Assoziation mit Neuseeland, das weiterhin für die äußere Sicherheit zuständig ist und finanzielle Unterstützung gewährt. Jeder Cook-Insulaner hat das Recht auf einen neuseeländischen Paß; heute leben mehr Cook-Insulaner in Neuseeland als in ihrer Heimat – und überweisen Geld an ihre Verwandten auf den Inseln.

Inzwischen ist der Tourismus die bei weitem wichtigste Einnahmequelle, rund 40 000 Besucher kommen jährlich hierher. Exportiert werden die auf den bergigen Südinseln angebauten Früchte, vor allem Papayas. Auf einigen flachen Atollen der Nordgruppe züchtet man schwarze Perlen. Auch wenn in den Siedlungen die aus Neuseeland importierte Bungalow-Bauweise vorherrscht, haben sich die Cook-Insulaner viel polynesischen Lebensstil bewahrt. Vor allem gehören sie zu den besten Tänzern und Musiker des polynesischen Kulturkreises.

Reisewege

✈ Internationaler Flughafen auf Rarotonga, der von Air New Zealand (ab Frankfurt/M.) angeflogen wird. Flughafengebühr bei Abflug ins Ausland 20 NZ $.

Air Rarotonga fliegt die Inseln Aitutaki, Atiu, Mauke, Mangaia und Mitiaro in der Südgruppe sowie Manihiki und Penrhyn in der Nordgruppe an. (Rarotonga Airport, ☎ 2 28 88, FAX 2 32 88.) Ein Tagesausflug von Rarotonga nach Aitutaki mit Bootsrundfahrt und Mittagessen kostet rund 300 NZ $. Wer auf anderen Inseln übernachten möchte, bucht preisgünstiger Package-Touren (Island Hopper Vacations, ☎ 2 25 76, FAX 2 20 26; Stars Travel, ☎ 2 36 69, FAX 2 15 69. Beide in Avarua auf Rarotonga).

*Rarotonga

So stellt man sich die Südsee vor: Schroffe, grünbewachsene Berge gehen in einen fruchtbaren, intensiv genutzen Küstenstreifen über, die türkisblaue Lagune rund um die Insel wird begrenzt von einem Barriereriff, über dem die Gischt weiß schäumt.

Avarua

Das kleine Verwaltungszentrum im Norden ist aus mehreren Dörfern zusammengewachsen. Zwischen zwei kleinen Hafenbecken – **Avatiu Harbour** im Westen und **Avarua Harbour** im Osten – reihen sich entlang der Küstenstraße Verwaltungsgebäude und Geschäfte. Auf dem kleinen Markt neben dem Avatiu Harbour wird mit Früchten und Gemüse gehandelt, hier und in den Geschäften entlang der Hauptstraße können Sie sich mit bunten Pareos und T-Shirts eindecken, Kunsthandwerk kaufen, darunter die berühmten Fächer aus einer Austernmuschel und geflochtenem Bast, sowie hölzerne Figuren des polynesischen Fruchbarkeitsgottes Tangaroa mit seinem übergroßen Penis (s. S. 19).

Einige sehenswerte Kolonialbauten stehen am östlichen Ende der Stadt. Gleich hinter dem Kreisverkehr am Avarua Harbour können Sie durch ein Tor landeinwärts einen Blick auf *** Queen Makeas Palace** (auf Maori: *Para O Tane*), die Residenz der um die Jahrhundertwende lebenden Königin von Rarotonga, werfen. 50 m weiter führt eine Straße landeinwärts zur *** Cook Islands Christian Church** (CICC), deren weißgekalkte Wände 1835 aus Korallenblöcken gemauert wurden; wenn Sie Gelegenheit haben, feiern Sie hier einen Gottesdienst mit (So 10 Uhr). Schräg gegenüber zeigt ein **Museum** eine kleine, aber erlesene Sammlung von Maori-Kunsthandwerk (🕓 Mo–Do 12–16.30, Fr 9–16.30 Uhr).

Im **Takamoa Mission House** am Ende der Straße wurden ab 1842 Maori-Missionare ausgebildet; auch heute wird hier der Priesternachwuchs geschult.

Nachbauten und Modelle traditioneller Kanus, die anläßlich des Pacific Arts Festivals 1992 nach Rarotonga gesegelt waren, stellt das **National Culture Center** im Osten aus (🕓 tgl. 9–15 Uhr).

Tanzgruppe auf Rarotonga

Seite 49

Steckbrief

15 Inseln, 240 km² Landfläche, 2,2 Mio. km² Meeresfläche.

17 800 Einwohner, davon 90 % Maori; die Hälfte lebt auf Rarotonga.

Sprache: Englisch und Cook Island Maori.

Währung: Neuseeland Dollar (1 NZ $ = 1 DM, 7,20 öS, 0,85 srf.)

Attraktionen: Malerische Berge auf Rarotonga, Traumlagune in Aitutaki.

Unterhaltung und Sport:
** Baden, ** Windsurfen,
** Schnorcheln und Tauchen,
*** Nachtleben, *** Polynesische Tänze.

Vorwahl: 0 06 82.

ℹ Cook Islands Tourist Authority, P. O. Box 14, Rarotonga, Cook Islands, ☎ 2 94 35, Fax 2 14 35.

Seite 49

Tip

Versäumen Sie nicht einen Kirchgang am Sonntag mit gefühlvollen polynesischen Gesängen, z. B. in den Kirchen von Titikaveka, Arorangi oder Avarua (jeweils 10 Uhr).

Avarua hat ein erstaunlich lebendiges Nachtleben: **Trader Jack's,** die beste Bar der Stadt mit Cooks Lager vom Faß, liegt direkt am Wasser und serviert auch gute Fischgerichte und Meeresfrüchte; in **Tere's Bar** am Hafen und **Metua's Café** am Hafenkai treffen sich die Einheimischen (freitags Live-Musik). Polynesische *floorshow* im **Club Raro** (Mi, Fr) und in **Metua's Café** (Fr).

Rund um Rarotonga

Rund um die Insel führt die **Ara Tapu,** eine 31 km lange asphaltierte Küstenstraße, an der die Hotelanlagen liegen; dort können Sie Autos, Mopeds und Fahrräder mieten.

Parallel verläuft landeinwärts die ***Ara Metua,** schon vor 1000 Jahren von den ersten Siedlern durch den Plantagengürtel der Insel angelegt; sie ist über Querstraßen mit der Küstenstraße verbunden und nur teilweise befahrbar.

Im Nordosten der Insel liegen an der alten Straße inmitten üppigen Grüns die steinernen Überreste des ***Koutu Arai-te-Tonga.** Die 800 Jahre alte Anlage war einmal der königliche Hof der Maori-Herrscher. An einem 2 m hohen Basaltstein werden heute noch die Ariki, die hohen Häuptlinge der Insel, in ihr Amt eingeführt. Die Stätte gilt als heilig und darf nicht betreten werden.

Ngatangiia an der Ostküste spielt in den Maori-Legenden von der Besiedelung des Pazifiks eine große Rolle. Etwa 800 n. Chr. sollen hier die ersten Siedler aus Ostpolynesien angekommen sein. 500 Jahre später brachen von hier aus 14 Segelkanus zur Fahrt nach Neuseeland auf. Sieben Boote überstanden die 3000 km weite Seereise, ihre Insassen waren die Urahnen der heutigen Maori-Bevölkerung von Neuseeland. Sieben kreisförmig angeordnete Steine in einem Pinienhain am Hafen von Ngatangiia erinnern an diese großartige Leistung.

Im Nordwesten, ganz in der Nähe des Flughafens, ragt aus der Lagune der **Black Rock** empor, ein 2,5 Mio. Jahre alter Basaltstein. In ihren Legenden nennen ihn die Maoris *Tu Oro Ki Aitu,* „sprich zu Gott". Von diesem westlichsten Küstenabschnitt aus sollen die Seelen der Toten über das Meer ins legendäre *Avaiiki* (auch Hawaiiki) gewandert sein, die Urheimat aller Polynesier. Fahren sie zum Sonnenuntergang hierher, es lohnt sich! Nicht weit vom Black Rock liegt der Golfplatz der Insel (☎ 2 73 60).

Lohnend ist auch ein Ausflug ins ***Cultural Village** bei *Arorangi* an der Westküste, wo in traditionellen Palmhütten die wichtigsten Aspekte polynesischer Lebensweise vorgeführt werden: Naturheilkunde, Landwirtschaft, Fischfang, Essenszubereitung im Erdofen, Handarbeiten und Tänze. Im Anschluß wird ein Essen aus dem Erdofen serviert. (Vorführung 10–13.30 Uhr, ☎ 2 13 14.) In den Bergen oberhalb Arorangis liegt das **Highland Paradise,** ein Botanischer Garten mit exotischen Pflanzen und Resten einer alten Maori-Siedlung (🕓 Mo–Fr 9.30–16 Uhr).

Die schönsten Strände ziehen sich an der Südküste entlang: Am ***Muri Beach** hat die Lagune ihre größte Ausdehnung. Hier können sich Segler und Surfer so richtig austoben. Wer schnorcheln möchte, sollte nach ***Titikaveka** gehen; in dem hübschen Dorf leuchten ab Dezember die Flammenbäume in kräftigem Rot. Bootsausflüge und Hochseefischen sind weitere Aktivitäten für Wasserratten; die Boote liegen im Hafen (ℹ Pacific Marine Charters, ☎ 2 12 37; M. V. Seafari, ☎ 2 03 28).

Aber auch zu Lande können Sie sportlich aktiv werden: In die bizarre

Fidschi

Kassava und Curry

350 Inseln voller Gegensätze: Kassava pflanzende, alteingesessene Fidschianer und zugewanderte, Curry kochende Inder. Die einen geborene Spaßmacher und Gastgeber, die anderen geschäftstüchtig und arbeitsam. Ähnlich gegensätzlich die Inseln. Kleine, mit weißem Strand, blauer Lagune und Korallen ringsum, ideal zum Baden, Schnorcheln und Tauchen. Der Südseetraum schlechthin. Und große, mit Bergen, Regenwald und reißenden Flüssen, gut für Trekking und Schlauchbootfahrten. Vollkommen abweichend vom Südseeklischee. Die meisten Besucher zieht es natürlich zu den Inselresorts, viele liegen an der Westküste der Hauptinsel Viti Levu. Oder sie schippern mit Ausflugsbooten in die Yasawas. An deren Traumstränden räkelte sich schon Brooke Shields für den Südseestreifen „Blue Lagoon".

Geschichte – Gesellschaft

Fidschi liegt an der Schnittstelle zwischen den Kulturkreisen Melanesiens und Polynesiens. Die ersten Einwanderer kamen um 1600 v. Chr. aus dem melanesischen Westpazifik, von ihnen haben die Fidschianer ihre dunkle Haut und ihr krauses Haar. Später gesellte sich von Osten her, vor allem aus Tonga, polynesischer Einfluß hinzu, der sich auf Kultur und Gesellschaftssystem auswirkte.

Die europäischen Seefahrer machten lange Zeit einen großen Bogen um den Archipel im Zentralpazifik. Sie fürchteten die riffreichen Gewässer und die als blutrünstige Kannibalen verschrieenen Bewohner der Inseln. Tatsächlich hatten die Fidschianer eine makabre Hochkultur des Menschenfressens entwickelt, deren Zeugnisse heute noch Touristen erschauern lassen. In Museen kann man eine Vielfalt von hölzernen Tötungswerkzeugen besichtigen, für den Verzehr von Menschenfleisch wurden spezielle Bestecke geschnitzt. Menschenfleisch wurde vor allem in Kriegszeiten verzehrt. Die Fidschianer glaubten, sich auf diese Weise das Mana, also die körperliche und geistige Kraft ihrer erschlagenen Gegner einzuverleiben. Bis ins letzte Jahrhundert waren die Fidschi-Inseln Schauplatz ständiger blutiger Stammesfehden; Kriegszüge, Gewalt und Kannibalismus gehörten zum täglichen Leben. Mit den ersten europäischen Siedlern kamen Feuerwaffen ins Land, die das Gemetzel nur noch schlimmer machten. Erst ein großer Häuptling namens *Ratu Seru Cakobau* machte der Selbstzerfleischung ein Ende. Er eroberte im 19. Jh. das Inselreich, stieg zum Tui Viti (König von Fidschi) auf und unterwarf seine Inseln schließlich freiwillig der englischen Krone. Mit Unterzeichnung der „Deed of Cession" wurde Fidschi 1874 britische Kolonie.

Die neuere Geschichte Fidschis wurde von zwei Staatsmännern geprägt: *Ratu Lala Sukuna* begründete nach dem Zweiten Weltkrieg das fidschianische Landrecht, das Grundbesitz nur alteingesessenen Fidschianern erlaubt. *Ratu Kamisese Mara* führte das Land 1970 in die Unabhängigkeit und begründete als erster Premierminister dessen Rolle als Führungsmacht der pazifischen Inselstaaten.

Die englischen Kolonialherren hatten nicht nur Straßen, ein Verwaltungs- und Schulsystem geschaffen, sie legten auch die Saat für einen Rassenkonflikt, unter dem der junge Staat heute noch leidet. Da die Fidschianer für die harte Arbeit auf den Zuckerrohrplantagen nicht zu begeistern waren, holten sie im vergangenen Jahrhundert indische Arbeiter ins Land. Die Nachkommen der indischen Kulis machen heute fast die Hälfte der 770 000 Einwohner aus und sind den Fidschianern nach wie

Bergwelt Rarotongas führen mehrere Wanderwege, deren bekanntester der vierstündige ***Cross Island Walk** von Avarua bis an die Südküste ist. Höhepunkte sind der Ausblick auf die markante Felsspitze *„The Needle"* und ein Bad im Wasserfall am Ende der Wanderung.

Auf dem Weg zum sonntäglichen Kirchgang

Da man den Pfad durch dichten Regenwald leicht verlieren kann, empfiehlt sich eine geführte Tour mit *Pa's Mountain Trek* (☎ 2 10 79). Der muntere Maori *Pa* erklärt während der Wanderung Flora und Fauna am Rande des Weges. Wer gerne reitet, wendet sich an *Aroa Pony Trek* (☎ 2 14 15).

The Needle – die höchste Erhebung Rarotongas

Praktische Hinweise

ℹ ✈ s. S. 47 bzw. S. 46

🚌 In Avarua starten Kleinbusse halbstündlich zu Rundfahrten um die Insel, mit beliebigen Stopps.

🏨 **Pacific Resort,** Muri Beach, ☎ 2 04 27, FAX 2 14 27. Appartements in tropischem Garten. Mittwoch und Freitag Dinner mit Tanzshow. $$
Club Raro, 2 km östlich von Avarua, ☎ 2 24 15, FAX 2 44 15. Gute Lage am Meer, aber kein Strand. Einfache und komfortable Zimmer. Beste Tanzshow der Insel (einmal wöchentlich, Termin in der Cook Island News und den kostenlosen Touristeninfoblättern). $$–$
Edgewater Resort, Arorangi, ☎ 2 54 35, FAX 2 54 75. 182 komfortable Zimmer in mehrstöckigen Gebäuden. Tanzshows Dienstag und Freitag. $$
The Rarotongan Resort Hotel, im Südwesten, ☎ 2 58 00, FAX 2 57 99. Zimmer und Bungalows am seichten Strand, Tanzshows. $$
Moana Sands, Titikaveka, ☎ 2 61 89, FAX 2 21 89. 12 Appartements an sehr schönem Strand. $$
Muri Beachcomber, Muri Beach, ☎ 2 10 22, FAX 2 13 23. Familiäre

Bungalowanlage neben dem Segelklub an Rarotongas schönstem Strandabschnitt. $$

Lagoon Lodges, Aroa, ☎ 2 20 20, FAX 2 20 21. Geräumige Bungalows, ideal für Familien. $$

Seite 49

Avana Marina Condos, Ngatangiia Harbour, ☎ 2 08 36, FAX 2 29 91. Wohnungen mit 2 Schlafräumen, 2 Bädern und Küche. $$

Palm Grove Lodge, an der Südküste, ☎ 2 00 02, FAX 2 19 98. 13 Bungalows mit Küche, 5 direkt am weißen Strand. $$

Aroko Bungalows, Muri Beach, ☎ 2 16 25. 5 einfache Bungalows direkt am Wasser. $

Aremango Guesthouse, Muri Beach, ☎ 2 43 62, FAX 2 43 63. Helle, saubere Zimmer, Gemeinschaftsbad. $

® **Flame Tree,** Ngatangiia, ☎ 2 51 23. Exotische Küche aus aller Welt, die Nummer eins auf Rarotonga. $$

Portofino, Avarua, ☎ 2 64 80. Italienische Küche und Fischgerichte. $$

PJ's, Arorangi, ☎ 2 03 67. Europäisch und chinesisch, beliebt bei Einheimischen. $$–$

Blue Note Café, Avarua, ☎ 2 32 36. Die Veranda der alten Banana Court Bar ist der ideale Platz zum Frühstücken. $

Sands Bistro, Titikaveka, am Moana Sands Hotel, ☎ 2 61 89. Gut für einen Imbiß während der Inselrundfahrt. $

Viele der Restaurants bieten einen Pick-up-Service von und zu den Hotels rund um die Insel.

Tänze der Südsee

Ausdruck unbändiger Lebensfreude, aber auch von Melancholie, Wehmut und Schmerz – Tanz und Gesang sind das Herzstück der Südseekultur. Die Stile variieren: Während in Fidschi, Tonga und Samoa die Bewegungen eher ruhig und schematisch sind, zeigen die Cook-Insulaner und Tahitianer ungleich mehr Temperament.

Ein *tamure*, ein polynesischer Trommeltanz, fegt wie ein Tornado über die Bühne. Zum anfeuernden Stakkato der hölzernen Trommeln wirbeln bastberockte Hüften und muskulöse Männerbeine. Während es bei den Frauen auf den exakten und möglichst schnellen Hüftschwung ankommt, müssen die Männer besonders beweglich in den Beinen sein. Mit scherenartigen Bewegungen der Knie „betanzt" der Mann sein weibliches Gegenüber, das ihn mit ihren Hüftschwüngen weiter anfeuert. Wegen ihrer sexuellen Anspielungen wurden die Tänze von den Missionaren lange Zeit verboten. Dank des Tourismus sind sie wieder auferstanden.

Bei den langsamen Tänzen wird großer Wert auf die feine Gestik der Hände und die Mimik des Gesichts gelegt. Sie erzählen Legenden von Göttern und Geistern, von Liebe und Trennung; von Blumen und Vögeln; Geschichten von Seereisen im Kanu, vom Fischfang und anderen Abenteuern.

Die Tanzkunst wird besonders auf den Cook-Inseln und in Französisch-Polynesien gepflegt. Beinahe jedes Dorf hat seine eigene Gruppe, die mehrmals in der Woche trainiert. Kinder werden schon in der Schule mit Grundfiguren des Tanzes vertraut gemacht.

In nationalen Wettbewerben werden die besten Gruppen und Einzeltänzer ermittelt. Auf den Cook-Inseln finden sie jeweils im April statt, in Tahiti zum Heiva-Festival im Juni/Juli.

Bei Tanzvorführungen, *floorshows* genannt, werden am Ende immer einige Gäste zum Mitmachen auf die Bühne gebeten. Sollten Sie aufgefordert werden, dürfen Sie keinesfalls ablehnen, dies gälte als grobe Unhöflichkeit.

**Aitutaki

Bootsausflüge zu den Motus von Aitutaki sind ein Muß

Wenn es auf Rarotonga dauerhaft regnet, ist Aitutaki der ideale Fluchtpunkt zurück in die Sonne – mangels hoher Berge gibt es dort wesentlich weniger Niederschläge. Nur eine Flugstunde (225 km) nördlich strahlt hellblau aus dem Pazifik eine der schönsten Lagunen der Südsee – vergleichbar allenfalls mit Bora Bora in Französisch-Polynesien. Rundherum zieht sich ein Außenriff in Form eines Dreiecks, auf dem sich wie die Perlen einer Kette die palmenbewachsenen Motu mit weißen Bilderbuchstränden aneinanderreihen.

Sie sind die Hauptattraktion Aitutakis und das Ziel zahlreicher Bootsausflüge. Im glasklaren Wasser um die Motus können Sie ausgezeichnet schnorcheln, windsurfen und segeln. Der Strand von *One Foot Island (Tapuaetai)* ist Motiv zahlreicher Postkarten, die Ihre Lieben daheim vor Neid erblassen lassen werden – Aitutaki lohnt durchaus auch einen Tagesausflug von Rarotonga.

Die Blüte taucht die Flammenbäume in ein leuchtendes Rot

Auf der Hauptinsel leben alle 2400 Insulaner in kleinen Siedlungen entlang der Küste. Die wichtigsten Ämter und Geschäfte finden Sie in *Arutanga*. Fotografen werden von der kleinen weißen Kirche entzückt sein, die sich vor wiegenden Palmen an der blauen Lagune präsentiert. Sonntags, wenn auf Aitutaki alle Aktivitäten ruhen, ist ein Kirchgang (10 Uhr) empfehlenswert, der wegen der polynesischen Gesänge einem Konzertbesuch gleichkommt.

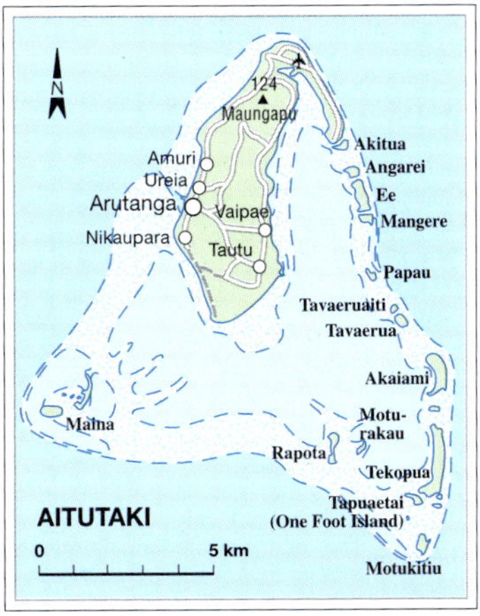

Die Einwohner Aitutakis leben vom Fischfang, dem Export von Bananen sowie in zunehmendem Maß vom Tourismus. Sie sind ausgezeichnete Tänzer und haben in Wettbewerben sogar schon Tanzgruppen aus Tahiti geschlagen. Die **Island Night* am Freitagabend im Rapae Hotel gehört wegen ihrer Ursprünglichkeit zu den Highlights eines Besuches in Aitutaki.

Für eine *Inselrundfahrt* (15 km) genügt ein Moped oder Fahrrad, es gibt aber auch Jeeps zu mieten. Fahren Sie gemächlich durch die Dörfer, lassen Sie sich vom geruhsamen Leben der Insulaner anstecken.

Seite 51

✈ Mehrmals tgl. (außer So) von/nach Rarotonga (s. auch S. 46).

🏨 **Aitutaki Lagoon Resort,** Akitua, ☎ 3 12 01, Fax 3 12 02. Die etwas abgewohnten Bungalows liegen direkt an der Lagune. Das Restaurant bietet internationale Küche. $$
Aitutaki Lodges, Aitutaki (Ostküste), ☎ 3 13 34, Fax 3 13 33. Die Bungalows am Berghang bieten einen schönen Blick auf Lagune. $$
Rapae Cottage Hotel, Aitutaki (Westküste), ☎ 3 13 20, Fax 3 13 21. Das heruntergekommene Hotel ist wegen seiner Island Night am Freitag berühmt – Büffet, Tanzshow, Live-Band, in dieser Reihenfolge. $
Vaikoa Units, Aitutaki (Westküste), ☎ 3 11 45. Sechs einfache, aber gepflegte Holzbungalows mit Küche und Bad am Strand. $
Rino's Beach Bungalows, Aitutaki (Westküste), ☎ 3 11 97, Fax 3 15 59. Die einfachen Bungalows liegen am Strand. $

Tip

Die Bootsausflüge in die Lagune von Aitutaki sind ein Muß – lassen Sie sich in Rarotonga aber keinen Ausflug über das Wochenende verkaufen, denn sonntags fährt kein einziges Boot! Nehmen Sie unbedingt eine Sonnenschutzcreme mit hohem Schutzfaktor und eine Kopfbedeckung mit. Wer schnorchelt, sollte ein T-Shirt und dünne lange Hosen tragen. (Lagoon Adventures, ☎ 3 10 09; Blue Lagoon Cruises, ☎ 3 13 34; Vikings, ☎ 3 11 80.) Individuelle Ausflüge mit Riffspaziergang und Fischen in einem Auslegerkanu bietet Reef Canoe Tours (☎ 3 15 62). Taucher können im klaren Wasser bis zu 30 m weit sehen (Aitutaki Scuba, ☎ 3 11 03). Wer will, kann auf hohe See zum Fischfang gehen (Aitutaki Sea Charters, ☎ 3 12 82).

🍴 **Ralphie's Bar & Grill,** gegenüber vom Rapae Hotel, serviert gute Fischgerichte und Steaks. Freitags ist hier wie im Rapae's Büffet und und polynesische Tanzshow geboten, danach spielt eine Live-Band. $
Crusher Bar, Aitutaki (Westküste, Richtung Flughafen). Fisch, Steaks und Salate stehen hier auf der Speisekarte. Und nach dem Essen fängt hier die Nacht erst an. $

Tip: Frischen Fisch, Kuchen, Kaffee und Gemüse aus eigenem Anbau bei Sonja und Tauono, zwischen Crusher Bar und Rapae Hotel.

*Atiu

Die Insel, 187 km nordöstlich von Rarotonga, stellt eine geologische Sonderform dar: Bis zu 70 m hoch ragt das Atoll auf, umgeben von einem Korallenriff *(Makatea)*, das heute eine Art Wall über Wasser bildet, in dem zahlreiche Kalksteinhöhlen zugänglich sind; darüber grünt der Regenwald. Die rund 1000 Insulaner leben auf dem Zentralplateau. Aufgrund seiner Geologie hat Atiu keine nennenswerten Strände und zieht eher Natur- und Vogelliebhaber an. In einer der vielen Höhlen nistet z. B. der kleine Kopeka. Der kleine Vogel orientiert sich im Dunkel der Höhle durch das Echo eines klickenden Lautes, den er beim Fliegen ausstößt. Nur zur Futtersuche schwärmt er ins Freie.

Eine heute noch praktizierte Tradition ist das Brauen von Buschbier aus Früchten. Es wurde früher im sogenannten *tumunu* angesetzt, dem ausgehöhlten Stumpf einer Palme, heutzutage im profanen Plastikcontainer. Das Getränk macht in einer Kokosnußschale die Runde, heute nicht mehr ausschließlich unter Männern, sondern auch unter Frauen. Wunderschön sind die Handarbeiten von Atiu. Besonders begehrt als Wanddekoration oder Bettüberwurf sind die farbenfrohen, handgenähten *tivaivais*, die je nach Größe 1000 Dollar und mehr kosten können. Das *Fibre Arts Studio* von Andrea Eimke in der einzigen Ansiedlung im Zentrum der Insel bietet eine gute Auswahl.

Hellblau strahlt es aus dem Pazifik – das Atoll Aitutaki

✈ Tgl. außer So von/nach Rarotonga; Abholung vom Flugplatz durch die Gastgeber.

Ⓗ **Atiu Motel,** ☎ 3 37 77, FAX 3 37 75. Einzige Unterkunft der Insel. Bungalows mit Kochnische zur Selbstversorgung, für Lebensmittel wird gesorgt. Die Besitzer organisieren Ausflüge und vermieten Mopeds. Ⓢ
Ⓡ **Tivaivai Café,** im Fibre Arts Studio. Kaffee und Kuchen, nur tagsüber geöffnet. Ⓢ Die Besitzer, ein deutsches Ehepaar, bauen auch den hervorragenden Atiu-Kaffee an. Die Plantage kann besichtigt werden (☎ 3 30 31).

Haben Sie nicht immer schon von so einem Sonnenuntergang geträumt?

Mauke, Mitiaro, Mangaia

Diese drei Inseln der Südgruppe haben eine ähnliche Geologie wie Atiu und deshalb, mit Ausnahme von *Mauke*, keine attraktiven Strände. Wer jedoch Ruhe sucht und polynesisches Landleben, ist hier gut aufgehoben. Alle drei Inseln mit jeweils nur einigen Hundert Einwohnern werden mehrmals wöchentlich von Rarotonga aus angeflogen und haben einfache kleine Pensionen, die Sie in Rarotonga vorausbuchen sollten.

Ⓗ **Cove Lodge,** Mauke, ☎ 3 56 64, FAX 3 50 94. Ⓢ
Tiare Holiday Cottages, Mauke, ☎ 3 50 77, FAX 3 56 83. Ⓢ
Mitiaro Guesthouse, Mitiaro, ☎ 3 61 07, FAX 3 66 83. Ⓢ
Babe's Place, Mangaia. Ⓢ

Auf dem Cross Island Walk auf Rarotonga

Tonga

Ein Königreich unter Palmen

Das verschlafene Inselreich am Ende der Welt wird von der letzten polynesischen Herrscherdynastie des Pazifiks regiert. Seine schwergewichtige Exzellenz Taufa'ahau Tupou IV. nennt rund 150 Inseln und knapp 100 000 polynesische Untertanen sein eigen. Zwei Dinge haben die Tonganer im Überfluß: Palmen und Zeit. Letztere verstreicht hier so langsam, daß selbst der Tourismus kaum auf die Beine kommt. Dafür begrüßen die Tonganer, knapp westlich der internationalen Datumslinie (s. S. 26), als erste jeden neuen Tag. Die Hauptinsel Tongatapu ist flach wie ein Pfannkuchen und strahlt nicht gerade Südseezauber aus. Mehr schon die kleinen vorgelagerten Inseln mit ihren Freizeitresorts.

Die Perlen des königlichen Schatzkästleins aber liegen ein bis zwei Flugstunden nördlich in der Ha'apai- und Vava'u-Gruppe. Die Inseln Ha'apais sind ein ideales Revier für Taucher, in Vava'us blauen Lagunen und Buchten treffen sich Segler aus aller Welt. Landratten kommen in kleinen Hotels und Pensionen unter.

Geschichte – Gesellschaft

Die Tonganer empfingen Captain Cook anno 1773 so freundlich, daß er ihr Reich die „Friendly Islands" nannte. 33 Jahre später wurde die Besatzung des englischen Segelschiffs „Port au Prince" eines schlechteren belehrt: Ein Inselhäuptling namens *Finau Ulukalala II.* überfiel sie mit 300 Tonganern und machte alle bis auf einen Mann nieder. Das Massaker fiel in eine Ära blutrünstiger Stammeskriege zwischen den Inselhäuptlingen. 1831 gelang es den Missionaren, einen hohen Häuptling namens *Taufa'ahau* zum Christentum zu bekehren. Dieser vereinte die Inseln zu einem Königreich und wurde der erste *Tui Tonga* (König von Tonga) – der Beginn friedlicher Zeiten. Der heutige Regent *Taufa'ahau Tupou IV.* ist ein direkter Nachfahre. Sowohl Deutschland als auch England hatten um die Jahrhundertwende wirtschaftliche Interessen in Tonga, deutsche Pflanzer siedelten vor allem in Vava'u. Bis 1970 war Tonga britisches Protektorat und wurde danach als Commonwealth-Mitglied in die Unabhängigkeit entlassen. Heute ist Tonga eine der letzten absoluten Monarchien der Welt. Der König ernennt seine Minister auf Lebenszeit, und im Parlament hat der Adel eine verfassungsmäßig garantierte Mehrheit. Auch wenn sich die Stimmen für eine Demokratisierung mehren, steht die Mehrheit des Volkes immer noch hinter dem König, der mit relativ milder Hand regiert.

Die Tonganer arbeiten noch weitgehend in der Landwirtschaft; in kleinem Umfang werden Melonen, Kürbisse, Bananen und Vanille exportiert. Viele Familien leben von den Überweisungen ausgewanderter Tonganer, die in Neuseeland, Australien oder den USA ihr Geld verdienen. Hauptnahrungsmittel sind Schweinefleisch und die stärkehaltige Wurzelfrucht Kassava, ein Grund für die weitverbreitete Überernährung. Typische Landestracht ist die sogenannte *ta'ovala*, eine aus Pandanusblättern geflochtene Matte, die sich Frauen und Männer um den Leib schnüren. Sie variieren von zierlichen Schürzen bis zu monströsen Basthüllen, die bei jedem Schritt geräuschvoll rascheln.

Die Tonganer sind ein gastfreundliches, höfliches und zurückhaltendes Volk, das auf seinen Traditionen, dem sogenannten *faka Tonga*, beharrt. Die Loyalität zur Königsfamilie ist ungebrochen, dem tonganischen Adel wird mit tiefer Ehrerbietung begegnet. In Anwesenheit von Mitgliedern der Königsfamilie bewegen sich die Tonganer nur in gebückter Haltung.

Die rund 150 Inseln Tongas sind auf vier Gruppen verteilt, die sich über eine Strecke von über 600 km von Süden nach Norden erstrecken. Die Tongatapu-Gruppe liegt ganz im Süden, gefolgt von Ha'apai, Vava'u und den Niuas, die schon fast an Samoa grenzen.

In Nuku'alofa

Die tonganische Landestracht: Pandanusmatten Ta'ovala

Reisewege

Fua'amotu International Airport liegt auf Tongatapu, Vava'u International Airport im Norden der Vava'u-Gruppe. Die Flughafengebühr bei Abflug ins Ausland beträgt 15 T $.

Tonga wird von *Air New Zealand* ab Auckland (☎ 2 16 46), von *Air Pacific* von Fidschi (Suva, ☎ 2 34 23), *Samoa Air* ab Pago Pago (American Samoa, ☎ 7 02 21; nur nach Vava'u) und *Polynesian Airlines* ab Apia (Faleolo Airport, Western Samoa, ☎ 2 15 65) angeflogen. *Royal Tongan Airlines* (☎ 2 34 14) fliegt im Inland ab Tongatapu alle Inselgruppen an (Preisbeispiel Tongatapu–Vava'u 240 T $), im Ausland Niue, Fidschi (Nadi), Neuseeland (Auckland), Western Samoa und Hawaii.

Fähre *M. V. Olovaha* nach Ha'apai und Vava'u ab Nuku'alofa, Tongatapu. Nach Eua täglich kleine Fährboote (Shipping Corporation, ☎ 2 16 99, FAX 2 26 71; Walter Shipping, ☎ 2 38 55).

Gutes Streckennetz auf Tongatapu und Vava'u, nur wenige Strecken auf Eua und Lifuka in der Ha'apai-Gruppe. Die Busse (ohne Fahrplan) halten überall auf Handzeichen.

** Tongatapu

Auf der größten Insel Tongas leben zwei Drittel aller Tonganer. Sie ist flach und weitgehend mit Kokospalmplantagen bedeckt. Im Norden reicht eine mehrfach verzweigte Lagune (Fanga

Steckbrief

150 Inseln, 697 km² Landfläche, 362 000 km² Meeresfläche.

95 000 Einwohner, davon 99 % Polynesier.

Sprache: Englisch und Tonganisch.

Währung: Pa'anga (1 T $ = 1,20 DM, 8,50 öS, 1 sfr).

Attraktionen: Geruhsame Lebensweise, viele einsame Buchten und Strände in Vava'u, tolle Tauchgründe in Ha'apai.

Unterhaltung und Sport:
** Baden, *** Schnorcheln und Tauchen, *** Segeln.

Vorwahl: 0 06 76.

ℹ Tonga Visitor Bureau, P. O. Box 37, Vuna Road, Nuku'alofa, Kingdom of Tonga, ☎ 2 17 33, FAX 2 21 29.

Uta) ins Landesinnere, die Südküste besteht z. T. aus Felsklippen, gute Strände gibt es nur auf den vorgelagerten Inseln Fafa, Atata, Malinoa und Pangaimotu, wo man hervorragend baden, schnorcheln und tauchen kann.

Seite 57

Nuku'alofa

Die Hauptstadt gleicht mit ihren windschiefen Holzgebäuden eher einer Westernstadt als der Residenzstadt einer Monarchie. Mitten in der Stadt steht unübersehbar die massive **Basilika,** nur eine von vielen bombastischen Kirchen unterschiedlicher Glaubensrichtungen in Nuku'alofa – sonntags um 10 Uhr eilen die Tonganer zum Gottesdienst. Wahrzeichen der Stadt ist der *** Königspalast,** 1871 im viktorianischen Stil ganz aus Holz errichtet und für die Öffentlichkeit nicht zugänglich. Von hier ist es nicht mehr weit bis zum Postamt an der Taufa'han Road, wo Philatelisten die skurrilen tonganischen Briefmarken erwerben können.

Vom Königspalast führt die *Vuna Road,* eine befestigte Uferstraße, bis zur *Queen Salote Wharf,* dem Hafen von Tonga. An der *Faua Jetty* kurz vor dem Hafen legen die kleineren Ausflugsboote ab, die zu den vorgelagerten Badeinseln fahren. Hier wird morgens auf dem *Fischmarkt* der Fang der Nacht verkauft. Mit frischem Obst und Gemüse decken sich die Tonganerinnen am *Talamahu-Markt* an der Salote Road im Zentrum ein.

Etwas außerhalb des Stadtkerns (Taufa'ahau Rd., zwischen Laifone Rd. und Mateialona Rd.) können Sie von der Straße aus einen Blick auf die * *Royal Tombs,* die alten Königsgräber, werfen.

Abendliches Vergnügen sind tonganische **Tanzshows** mit Abendessen im Dateline Hotel (Mi, Sa) und im Tonga National Center (Di, Do; ☏ 2 30 22, Bustransfer von jedem Hotel). Wer nur ein kühles Bier trinken möchte, ist in der Gartenbar von *Davina's,* gegenüber der Faua Jetty, oder an der *Billfish Bar* ein paar Meter weiter gut aufgehoben. Außerhalb der Stadt, hinter dem National Center, bietet der *Ambassador Nightclub* Live-Musik (Mi–Sa).

Unterwegs auf der Insel

Tongatapu heißt zu deutsch „das heilige Tonga". Die Insel war schon immer Zentrum der tonganischen Kultur, wovon einige archäologische Stätten zeugen, die bis zu 2500 Jahre alt sind. Die wichtigsten Sehenswürdigkeiten lassen sich gut an einem Tag erkunden. Waltraud Quick und ihr Sohn Swen bieten geführte Inselrundfahrten in deutscher Sprache an (Quick Tours, ☏ und FAX 2 35 86).

Das **Tonga National Center** in den südlichen Außenbezirken Nuku'alofas widmet sich dem traditionellen Kunsthandwerk Tongas wie Schnitzereien, Bastartikel und Tapa-Arbeiten. Oft kann man auch Handwerkern bei der Arbeit über die Schulter sehen. Die Zeiten für Führungen und Tanzvorführungen sind beim Tonga Visitor Bureau zu erfahren. (🕒 9–12.30 Uhr.)

Auf der Höhe des Dorfes Malapo erinnert eine Gedenktafel an Captain Cooks erste Landung in Tonga. Bei den Dörfern *Mua* und *Lapaha* sind steinerne *** Festungsanlagen und Terrassengräber** Überreste einer Herrscherresidenz aus dem 12. Jh., die sich zum Kulturzentrum Tongas entwickelte, bis 600 Jahre später der Regierungssitz nach Nulu'alofa verlegt wurde. Von der Residenz sind nur noch einige überwucherte Grundmauern erhalten. Besser zu erkennen sind die 28 *langi,* die Königsgräber, die bis heute nicht erforscht werden dürfen. Das eindrucksvollste Grab liegt versteckt an einer Seitenstraße (Wegweiser): * *Paepae-'o-Tele'a,* im 16. Jh. aus massiven Korallenblöcken zusammengesetzt, die wahrscheinlich auf Kanus von vorgelagerten Inseln hierher transportiert wurden.

Das **** Ha'amonga,** ein steinernes Trilithon am nordöstlichen Ende Tongatapus, wird auch als „Stonehenge der Südsee" bezeichnet. Das Tor aus quaderförmigen Korallenblöcken mit einem geschätzten Gesamtgewicht von 35 t wurde vor etwa 800 Jahren gebaut – niemand weiß wie und warum. Man vermutet aber, daß es astronomischen Berechnungen diente. Markierungen auf dem querliegenden Quader und zwei später geschlagene Schneisen weisen in Richtung Sonnenauf- und -untergang zum exakten Zeitpunkt der Sonnenwende im Sommer und Winter.

An der südlichen Felsküste hat die Meeresbrandung zwei Sehenswürdigkeiten geschaffen. **Hufangelupe,** das „Tor der Taube", ist ein natürliches Felsentor in den Klippen. Bei *Houma* schießt die Meeresbrandung in Hunderten von Fontänen durch Löcher in den Felsklippen, den sogenannten *** Blow Holes.**

Eine tierische Attraktion bietet **Kolovai** im Westen: Fledermausähnliche *Flying Foxes* hängen kopfüber in den Kasuarinabäumen. Auf anderen Südseeinseln werden diese Nachtflieger gegessen, in Tonga sind sie tabu, nur die königliche Familie darf sie verspeisen. **Ha'atafu**

Die Terrassengräber von Lapaha

Ha'amonga

Seite 57

Beach am Westzipfel der Insel ist der einzige größere Sandstrand auf Tongatapu. Die Brandungswellen am Riff werden von Surfern geschätzt, die hier in einem kleinen Resort campen.

Seite 57

Praktische Hinweise

ℹ s. S. 55

✈ Flugverbindungen s. S. 55. Der Flughafen liegt 20 km südöstlich von Nuku'alofa. Wer gebucht hat, wird abgeholt, alle anderen finden Taxis.

⛴ s. S. 55. Bootstransfer zu den vorgelagerten Inselresorts.

🚌 Die Busse starten an der Vuna Road in Nuku'alofa (gegenüber ℹ).

Ⓗ **Villa McKenzie,** Nuku'alofa, Vuna Rd., ☎, Fax 2 49 98. Kleine, gastfreundliche Frühstückspension. $
Heilala Guesthouse, Nuku'alofa, Vaha'akolo St., ☎ und Fax 2 35 86. Einfache Pension im Grünen, deutsche Besitzer. $
Good Samaritan Inn, Kovolai, ☎ 4 10 22, Fax 4 10 95. Einfache Fales mit und ohne Bad sowie Mehrbettzimmer. Nette Gastgeber, Restaurant, Bar. $

⛺ **Good Samaritan Inn,** Kolovai, nahe Ha'atafu Beach.

Ⓡ **Seaview Restaurant,** Nuku'alofa, Vuna Rd. Bestes Restaurant der Insel, deutscher Koch und Besitzer. $$
Fakalato Restaurant, Nuku'alofa, Wellington Rd. Bester Chinese des Landes. $
Little Italy, Nuku'alofa, Vuna Rd., hinter dem Königspalast. Pizza, Pasta und Salate. $
Good Samaritan Inn, Kovalai. Das einzige Restaurant Tongatapus direkt am Wasser bietet üppige tonganische Gerichte und preiswerten Hummer. $

Ausflüge

Einige kleine Koralleninseln vor der Nordküste Tongatapus haben sehr schöne Sandstrände und wurden deshalb zu Freizeit- und Hotelresorts ausgebaut. Die Zubringerboote legen an der Faua Jetty im Hafen von Nuku'alofa ab, die jeweiligen Abfahrtszeiten sind bei den Resorts selbst oder im Visitor Bureau zu erfahren.

Ⓗ **Fafa Island Resort,** auf einem Motu, 30 Bootsminuten von Nuku'alofa, ☎ 2 28 00, Fax 2 35 92. 16 traditionelle Fales, umweltfreundlich, romantisch, am weißen Strand; ausgezeichnetes Essen. $$
Royal Sunset Island Resort, auf Atata, eine Bootsstunde von Nuku'alofa, ☎, Fax 2 12 54. 26 Bungalows am Strand. $$
Pangaimotu Island Resort, auf Pangaimotu, 15 Bootsminuten von Nuku'alofa, ☎ 2 25 88, Fax 2 37 59. Sechs einfache, saubere Fales und Mehrbettzimmer. $

Eua im Osten Tongatapus ist touristisch kaum erschlossen. Im Gegensatz zu Tongatapu ist sie eine hohe Insel mit einer abwechslungsreichen, reizvollen Landschaft mit Klippen, Karsthöhlen, Savannen und dichtem Regenwald – und damit ein interessantes Wandergebiet. Zwei der schönsten Vogelarten sind hier heimisch: der rotbrüstige Moschuspapagei und der blaugekrönte Lori. Der Flug von Nuku'alofa (tgl.) dauert nur 7 Min., die Überfahrt per Schiff 3–4 Std. (s. S. 55). Unterkunft im sehr einfachen *Haukinima Guest House* (Futu, ☎ 5 00 88; $).

Ha'apai-Gruppe

36 Inseln liegen weit verstreut rund 150 km nördlich von Tongatapu; nur 17 sind bewohnt. Tofua und Kao im Westen sind hohe Inseln, alle anderen flache Koralleninseln. Unzählige Sandbänke und Korallenriffe sind ein noch kaum entdecktes ideales Revier für Taucher und Schnorchler – Segler wagen sich wegen der vielen Riffe nicht hierhin. Die meisten der 12 000 Einwohner leben auf einer Kette größerer Inseln im Nordosten der Gruppe mit dem Verwaltungszentrum **Pangai** auf der *Insel Lifuka*.

Zwei bekannte historische Begebenheiten spielten in Ha'apai: 1789 meuterte nahe der Vulkaninsel Tofua die Besatzung der „Bounty"; einer der ausgesetzten Gefolgsleute von Captain Bligh wurde auf Tofua von Insulanern ermordet. 1806 wurden vor Lifuka die Seemänner der „Port au Prince" massakriert (s. S. 54).

Tgl. von/nach Tongatapu. Der Flugplatz auf Lifuka ist Zwischenstopp auf dem Weg nach Vava'u.

Fähre mehrmals wöchentlich ab Tongatapu; 10 Std.

Ⓗ **Sandy Beach Resort,** auf Foa (nördlich von Lifuka), ☎ und FAX 6 06 00. Langer weißer Sandstrand, 12 komfortable Bungalows, gutes Restaurant, deutsche Besitzer. Ⓢ
Niu'akalo Beach Motel, auf Lifuka, 2 km nördlich von Pangai, ☎ 6 00 28, FAX 6 02 00. 16 Zimmer in Doppelbungalows mit und ohne Bad, saubere Anlage am Wasser. Campingplatz. Ⓢ
Hier hat Ha'apai Watersports unter deutscher Leitung sein Büro; Tauch- und Schnorcheltrips sowie Hochseefischen (☎ 6 00 97).
Fifita Guest House, auf Lifuka (zentral in Pangai), ☎ 6 01 75, FAX 6 02 00. Saubere, einfache Zimmer mit Gemeinschaftsdusche. Ⓢ

Ⓡ Im **Niu'akalo Beach Motel** finden Sie das einzige Restaurant. Ⓢ

In allen Unterkünften bekommen Sie auf Wunsch auch ein Abendessen.

Gewaltig zischt es aus den Blaslöchern

Traditionelles Fale (Fafa Island)

Zeremonielle Tapa-Matte

Tapa – der besondere Stoff

Aus der Rinde des Maulbeerbaums fertigen die Tonganer einen ganz besonderen Stoff: Filzähnlich ist das Grundmaterial, das breitgeklopft und zu Bahnen verflochten wird. Auf dieses Material malen die Tonganerinnen schwarze, braune und rote Muster, deren Farbe aus Nüssen *(candlenuts)* oder Mangrovenrinde gewonnen wird.

Tapa-Stoffe dienen als Tischdecke, Wanddekoration, Raumteiler und Schlafmatte. Tapa-Bahnen von über hundert Metern Länge werden bei großen Feierlichkeiten den Ehrengästen als Geschenk überreicht. Tapa-Matten sind wichtigster Bestandteil der Aussteuer bei Hochzeiten und der Stolz jeder Familie.

Tip

Zwischen Juli und September ziehen Buckelwale auf ihrer Wanderung durch den Pazifik an Vava'u vorbei. Bootsausflüge zur Beobachtung veranstaltet Dolphin Pacific Diving, ☏ 7 02 92.

Seite 61

** Vava'u-Gruppe

Vava'u mit seinen unzähligen Buchten und geschützten Ankerplätzen 275 km nördlich von Tongatapu ist schon lange ein Mekka für Segler aus aller Welt und Stützpunkt von Segelcharter-Unternehmen. Das touristische Aschenputtel ist unbedingt zumindest einen Abstecher wert. Schon der nur gut einstündige Flug über die Ha'apai-Insel ist ein Erlebnis, beim Landeanflug auf Vava'u bietet sich ein atemberaubender Blick auf den natürlichen Hafen *** Port of Refuge.** Vava'u ist ein Labyrinth aus vielen kleinen, dicht beieinander liegenden Inseln, deren Buchten mit weißen Sandstränden gesäumt und von türkisblauen Lagunen umgeben sind.

Rund 13 000 Menschen leben auf den Hauptinseln **Vava'u, Pangaimotu** und **Utungake,** die durch Brücken miteinander verbunden sind. Nach Süden franst die wie eine Hand geformte Gruppe in zahllose kleinere Inseln aus, die das Ziel von Badeausflügen per Segel- oder Motorboot sind. Bootsausflüge zum Schwimmen und Schnorcheln werden in Neiafu angeboten. Wer eine Jacht chartern will, wende sich an The Morrings (Neiafu, ☏ 7 00 16).

Die kleine Hafenstadt *** Neiafu,** immerhin die zweitgrößte Stadt Tongas, liegt idyllisch auf den Hügeln über dem Port of Refuge. Im Ortskern sind noch viele Holzbauten im Kolonialstil erhalten geblieben. Weithin sichtbar ist das weiße Steingebäude der *katholischen Kirche,* die von französischen Missionaren Mitte des 19. Jhs. erbaut wurde. Den schönsten Blick über den Naturhafen haben Sie vom 131 m hohen **Mt. Talau,** der Neiafu im Westen überragt. In dem der Hafenbucht gegenüberliegenden Dorf *Utulei* lebt die Schriftstellerin Patricia Mathieson, die unter dem Pseudonym *Patricia Ledyard* einige in Tonga spielende Romane geschrieben hat. Weiter westlich sind auf einem kleinen Friedhof auch Grabsteine deutscher Pflanzer zu entdecken, die sich vor der Jahrhundertwende hier niederließen.

Da die Straßen holprig und schlecht beschildert sind, sollte man für eine Rundfahrt einen ortskundigen Führer oder ein Taxi anheuern. ℹ beim Visitor Bureau. Vom *Utula'aina Point* hat man einen spektakulären Blick auf die bis zu 100 m hohen Felsklippen der Nordküste Vava'us. In *Feletoa* an der Straße zum Flughafen kann man die Fundamente einer alten tonganischen Befestigung besichtigen. Die Inseln *Pangaimotu* und *Utungake* sind über Brücken von Vava'u aus erreichbar. An der Südspitze Pangaimotus finden an den beiden Stränden von *Lisa* und *Ano* Samstag abends tonganische Feste statt.

Zu den rund 40 Vava'u vorgelagerten Inseln führen organisierte Bootstouren. Auf **Nuapapu** kann man durch einen unter der Wasserlinie verborgenen Kanal in die Höhle *Mariner's Cave* tauchen. Schnorchelausrüstung, Unterwasserlampe und etwas Courage sind dafür nötig. Der Bootsführer weist den Weg. Der Legende nach soll ein junger Tonganer hier seine Braut vor Verfolgung in Sicherheit gebracht haben. Die weitgeschwungene Sandbucht von **Vaka'eitu** ziert viele Prospekte und Reisebroschüren über Vava'u, entpuppt sich bei näherem Hinsehen aber als eher mittelmäßiger Strand. Die besten Strände Vava'us sind auf folgenden Inseln: **Hunga** (mit Picknickplatz, gutes Schnorchelrevier); an der Meerenge zwischen den Inseln **Foeata** und **Foelifuka;** auf den unbewohnten Inseln **Mo'unu, Ovalau** und *** Nuku** sowie auf den weiter entfernten Inseln *** Taunga** und *** Ngau.**

In der Ha'apai-Gruppe

An der felsigen Nordspitze der Insel **Kapa** öffnet sich zum Meer die *Swallow's Cave*, in die man mit einem Boot hineinfahren kann. An den Wänden nisten Vögel, das klare Wasser ist 80 m tief.

Seite 61

Tonga Visitor Bureau, Fatafehi Road. Dort und in den Souvenirgeschäften bekommen Sie die informative Broschüre „A Walking Tour of Neiafu".

Vava'u International Airport, 11 km nördlich von Neiafu, wird von Tongatapu (tgl. außer So), Fidschi und Samoa (1x wöchentl.) aus angeflogen.

Anlegestelle aller Schiffe und Boote von Tongatapu ist Neiafu.

The Tongan Beach Resort, auf Utungake (15 Bootsminuten von Neiafu), ☏, FAX 7 03 80. 12 Zimmer am Strand, Mindestaufenthalt 3 Tage, gutes Restaurant, deutscher Besitzer. Tauchbasis. Tages- oder Mehrtagestörns mit der *Summerbreeze*. $$
Paradise Hotel, bei Neiafu, ☏ 7 02 11, FAX 7 01 84. Schöner Blick auf die Bucht, große, saubere Zimmer. $$–$
Popao Village Backpackers Resort, auf Vaka'eitu (45 Bootsminuten von Neiafu), ☏ 7 03 08 (Buchung auch über Heilala Guesthouse in Nuku'alofa, ☏ FAX 2 35 86). Einfache Fales mit und ohne Bad, umweltfreundlich, naturbewußt; österreichischer Besitzer. $
Vava'u Guesthouse, gegenüber Paradise Hotel, ☏ FAX 7 03 00. Einfache Zimmer mit Gemeinschaftsdusche. $

Port of Refuge (Vava'u)

Tongan Beach Resort. Gute tonganische und internationale Küche. Jeden Mittwoch abend tonganisches Fest mit Tänzen und Essen aus dem Erdofen. $$–$
Ocean Breeze Restaurant (oberhalb Old Harbour). Bestes Insellokal. $
Bounty Bar (gegenüber Visitor Bureau Neiafu). Kleine Gerichte und kühle Drinks. Treffpunkt der Yachties aus aller Welt. $

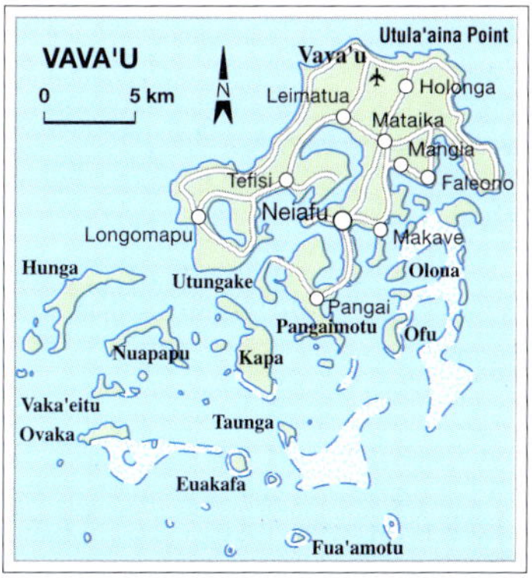

Samoa

Polynesien pur

Die Wiege Polynesiens. Von hier aus sollen die Segelkünstler des Pazifiks ihr riesiges Inselreich besiedelt haben. Heute noch ist in Samoa die polynesische Kultur am reinsten erhalten geblieben: malerische Dörfer mit offenen, palmgedeckten Hütten, durch die eine Meeresbrise streicht. In der Luft der Qualm von Erdöfen und Glockengeläut von unzähligen steinernen Kirchen. Seit Stevensons Zeiten, der hier seine „Schatzinsel" schrieb, hat sich nicht viel geändert. Die Anthropologin Margaret Mead meinte hier die menschliche Unschuld gefunden zu haben. Für das Deutsche Reich war Samoa für kurze Zeit eine Musterkolonie.

Heute sind die Inseln geteilt in das unabhängige Western Samoa und das US-Territorium American Samoa. Touristisch ist Western Samoa besser erschlossen, aber mehr ein Ziel für Kulturreisende als für Strandurlauber.

Geschichte – Gesellschaft

Die Inseln Samoas wurden etwa 800 v. Chr. von Fidschi und Tonga aus besiedelt. Mehrere hundert Jahre später brachen die Samoaner selbst wieder auf und besiedelten ihrerseits den polynesischen Kulturkreis, der über Ostpolynesien und Hawaii bis Neuseeland reicht. Zeitweise wurde Samoa von seinen tonganischen Nachbarn beherrscht, erst im 15. Jh. n. Chr. konnten die Besatzer vertrieben werden. Die um 1500 lebende Königin Salamasina vereinte Samoa zu einem Reich.

Die Geschichte der europäischen Entdecker begann 1722 mit dem Holländer *Jakob Roggeveen*. Ihm folgten Franzosen und Engländer, schließlich auch 1824 der deutsche Forscher *Otto von Kotzebue* an Bord eines russischen Expeditionsschiffes. Im 19. Jh. hatten sowohl England als auch die USA und Deutschland wirtschaftliche Interessen in Samoa. Die Hamburger Kaufmannsfamilie *Godeffroy* gründete 1856 in Apia eine Handelsniederlassung. Die langen Auseinandersetzungen um die koloniale Vorherrschaft endeten schließlich 1899 mit der Teilung Samoas. Der Osten mit *Tutuila* und den *Manua-Inseln* kam unter amerikanische Verwaltung, der Westen mit *Upolu* und *Savai'i* wurde deutsche Kolonie. Das leer ausgehende England wurde mit Tonga entschädigt.

Nur 14 Jahre dauerte die deutsche Kolonialherrschaft über West-Samoa unter Gouverneur *Dr. Wilhelm Solf.* Die *Deutsche Handels- und Plantagengesellschaft* (kurz DH & PG) bewirtschaftete umfangreiche Kokospalmplantagen. Noch heute erkennt man sie an den schnurgeraden Baumreihen. Samoas kurze deutsche Ära war von wirtschaftlichem Erfolg geprägt und ist bis heute in guter Erinnerung geblieben. Im samoanischen Telefonbuch findet man immer noch viele deutsche Namen, die alten Grundbücher sind noch in altdeutscher Schrift geschrieben.

Als der Erste Weltkrieg ausbrach, mußten die deutschen Kolonialherren die Flagge einziehen. West-Samoa fiel unter neuseeländische Verwaltung. 1962 wurde Western Samoa als erster Inselstaat des Pazifiks unabhängig und ist seitdem formell eine parlamentarische Demokratie. Jedoch können nur *matai,* Samoaner im Häuptlingsrang, ins Parlament gewählt und somit Regierungsmitglied werden. Wirtschaftlich ist Western Samoa noch sehr einseitig strukturiert, der Export beschränkt sich auf Kokosprodukte und *Taro* (eine stärkehaltige eßbare Knolle) und wird mengenmäßig von den Einfuhren um ein vielfaches übertroffen. Jugendarbeitslosigkeit und Auswanderung sind die Folge. Die überwiegend ländliche

Bevölkerung lebt vom Kleinanbau und den Überweisungen von ausgewanderten Verwandten in Neuseeland, Australien und den USA.

American Samoa ist heute ein selbstverwaltetes Territorium der USA, jedoch kein US-Bundesstaat. Die sozialen Bedingungen gleichen denen des westlichen Nachbarn, nur daß statt Landwirtschaft zwei große Fischfabriken die einseitige Ökonomie bestimmen.

Der Independence Day wird vor dem Fono gefeiert

Reisewege

✈ Faleolo International Airport im Westen der Insel Upolu, 35 km von Apia entfernt, fertigt alle internationalen Flüge (Ausnahme: Flüge von/nach American Samoa ab Fagalii Airport bei Apia) ab. Flughafengebühr bei Abflug ins Ausland 20 WST.

Air New Zealand (☎ 2 08 25) fliegt zwischen Faleolo und Auckland, *Air Pacific* (☎ 2 26 93) zwischen Faleolo und Suva (Fidschi). Die landeseigene *Polynesian Airlines* (☎ 2 12 61) verbindet Faleolo mit Pago Pago (American Samoa), Savai'i, Tonga, Nadi (Fidschi), Rarotonga (Cook-Inseln), Honolulu (Hawaii), Sydney und Melbourne (Australien), Auckland und Wellington (Neuseeland). *Samoa Air* (☎ 2 29 01) fliegt mehrmals täglich von/nach Pago Pago in American Samoa und von/nach Vava'u (Tonga).

Dreimal tgl. Autofähre von der Westküste Upolus nach Savai'i (ca. 1 Std.). Die *Queen Salamasina* fährt von Apia nach Pago Pago (American Samoa; 8 Std.). Buchung aller Fähren über Western Samoa Shipping Corporation, ☎ 2 09 35 oder 2 09 36, FAX 2 23 52.

Gut ausgebautes Streckennetz auf Upolu und Savai'i. Das Fahrtziel steht vorne auf dem Bus. Gehalten wird, wo immer Fahrgäste zu- oder aussteigen wollen, Bezahlung beim Aussteigen. Samstag nachmittag und sonntags kein Busverkehr.

Steckbrief

11 Inseln, 3097 km² Landfläche, 600 000 km² Meeresfläche.

250 000 Einwohner, davon 95 % Polynesier.

Sprache: Englisch und Samoanisch.

Währung: Western Samoa Tala (1 WST = 0,60 DM, 4,27 öS, 0,50 sfr), US $ in American Samoa.

Attraktionen: Idyllisches Landleben, viel Tradition und polynesische Kultur.

Unterhaltung und Sport: ** Baden, * Schnorcheln und Tauchen, ** Wanderungen.

Vorwahlen: Western Samoa 0 06 85, American Samoa 0 06 84.

ℹ Western Samoa Visitor Bureau, P. O. Box 2272, Apia, ☎ 2 08 78, FAX 2 08 86.

Upolu

Schon die Fahrt vom Flughafen im Westen der Insel bis zur Hauptstadt gibt einen ersten Eindruck idyllischen samoanischen Landlebens. Entlang der Nordküste reiht sich ein Dorf ans andere. Die Rasenflächen um die nach allen Seiten offenen Fales sind gepflegt und von blühenden Sträuchern umgeben.

Seite 65

*Apia

Nach 35 km ist die Hauptstadt (40 000 Einw.) an der Nordküste erreicht. Geschäftiges Zentrum sind die Beach Road entlang der Hafenbucht und die angrenzenden Straßen. Unübersehbar erhebt sich der **Clock Tower,** zum Gedenken an die gefallenen Samoaner des Ersten Weltkriegs errichtet. Die **Catholic Cathedral** war einmal das Wahrzeichen Apias. Heute beherrschen der klotzige neue Regierungskomplex und die Central Bank of Western Samoa die Hafenbucht. Schräg gegenüber residiert das Visitor Bureau.

Folgen Sie der Beach Road nach Osten, kommen Sie Ecke Leifi'iti Street zum windschiefen weißen Holzgebäude, in deutscher Kolonialzeit das **Gericht** und bis vor kurzem Regierungssitz von Western Samoa; heute ist hier wieder das Gericht eingezogen. Nun ist es nicht mehr weit bis zur Institution der Stadt, dem legendären ***Aggie Grey's Hotel.** Hier begann Aggie Grey 1933 mit einer Bar ihre gastronomische Erfolgsstory. Im Zweiten Weltkrieg bewirtete sie amerikanische GIs, danach stieg Aggie Grey's zu einer der ersten Hoteladressen der Südsee auf. Hinter der Fassade, dem Kolonialstil nachempfunden, gruppieren sich im Hof die Gäste-Fales, jeweils benannt nach Hollywoodstars, die hier nächtigten. Seit dem Tod der charismatischen Gründerin 1988 wird das Hotel von der Familie weitergeführt.

Nach Westen führt die Beach Road weiter zur Halbinsel **Mulinu'u** hinaus. Hinter dem Hotel Godinet sehen Sie links der Straße ein **deutsches Kriegerdenkmal** für die Seeleute der 1889 bei einem Wirbelsturm gesunkenen Kriegsschiffe *Olga, Eber* und *Adler,* rechts der Straße erinnert eine unscheinbare *Gedenktafel* an den 1. März 1890, an dem erstmals die deutsche Flagge über West-Samoa gehißt wurde.

Nicht mehr weit entfernt ist neue Parlament Western Samoas: Das sogenannte ***Fono** ist ein modernes, rundes Fale. Jedes Jahr Anfang Juni feiert der Inselstaat hier mit Folkloregruppen aus allen Landesteilen die Unabhängigkeit. Im Nordwesten der Halbinsel Mulinu'u stehen etwas verwahrlost im Busch mehrere steinerne **Grabmäler hoher Häuptlinge.**

Wer auf der Suche nach Andenken und Mitbringseln ist: Geschnitzte Kava-Schalen, Tischsets, Körbe und geflochtene Taschen gibt es in *Aggie Grey's Shop* neben dem Hotel und bei *Kava & Kavings* an der Beach Road. Kokosseife und samoanischen Kaffee finden Sie in allen Souvenir- und Lebensmittelläden.

Nachtschwärmer können ein samoanisches Fest *(fiafia)* mit Büffet mitfeiern – mittwochs in Aggie Grey's Hotel, donnerstags im Kitano Tusitala. Das lokale Vailima-Bier, gebraut unter deutschem Management und eines der besten Biere der Südsee, schmeckt in beliebten Kneipen wie im *Otto's Reef* und *Don't Drink the Water* an der Beach Road, aber auch bei Live-Musik und Tanz (Fr, Sa) in der *Beach Bar* auf Mulinu'u, im *RSA* an der Beach Road, im *Crystal's Night Club* an der Fugalei Street, im *Margrey-Ta's Beer Garden* am Hafen und im *Mt. Vaea Nite Club* in der Vaitele Street.

Inselrundfahrt

Von der *Cross Island Road,* die von Apia aus über die Berge zur Südküste führt, zweigt rechts eine Auffahrt ab zu *Robert Louis Stevensons* Haus ****Vailima.** Das weiße hölzerne Kolonialgebäude, in dem der Schriftsteller seine letzten Lebensjahre verbrachte, ist heute Sitz des *Stevenson Museums;* alle Räume wurden originalgetreu restauriert (🕓 Di–Fr 9–16, Sa 9–12 Uhr).

Vom Haus führen zwei Pfade zu ***Stevensons Grab** auf dem Mt. Vaea (s. auch S. 66). Der eine Weg ist steiler und kürzer, der andere leichter zu gehen. Nach einer halben bzw. einer Stunde erreicht man das schlichte Grabmal in 450 m Höhe mit einem sehr schönen Blick auf Apia und das Meer.

Auf der anderen Seite des Mt. Vaea liegen **Papase'a Sliding Rocks.** Über glatte Felsen fließt dort ein Bach in mehreren Kaskaden in einen Pool und bildet so eine natürliche Wasserrutschbahn. Von Apia aus führt der Weg über die Papase'a Road (8 km) dorthin.

Die Straße rund um Upolu ist bis auf einen kleinen Abschnitt an der Südküste asphaltiert. An der gesamten Küste reihen sich malerische Stranddörfer aneinander, Kinder spielen im Wasser, Kanus kreuzen auf Fischfang in der Lagune, und in den *Fales* rekeln sich Samoaner bei einem Nickerchen. Wegen der spärlichen Beschilderung sollten Sie sich für Ihre Touren auf der Insel unbedingt eine Karte im Visitor Bureau in Apia besorgen. Außerdem brauchen Sie Kleingeld, da die Dorfbewohner für den Zugang zu Stränden und Sehenswürdigkeiten oft eine klei-

Das legendäre „Aggie Grey's"

Unterwegs auf Upolu

Beach-Fale an traumhaftem Strand bei Aleipata

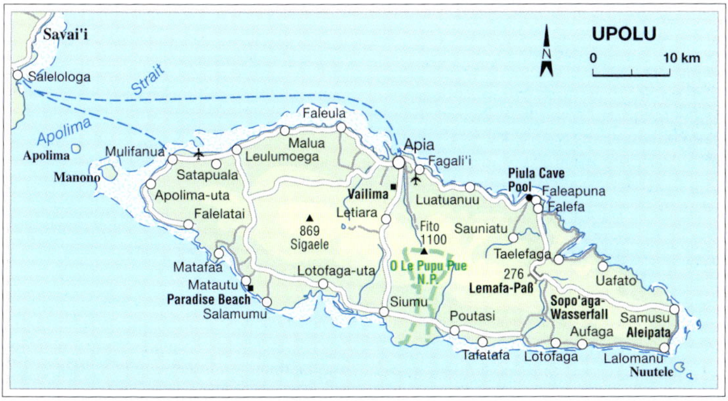

ne „Gebühr“ verlangen. In Apia können Sie aber auch organisierte Inseltouren buchen (deutschsprachige Mitarbeiter hat Island Hopper Vacations, ☎ 2 69 40, und Retzlaff's Tours, ☎ 2 17 24). Wer in einem Dorf übernachten möchte, wende sich an Eco Tour Samoa (☎ 2 59 93).

Seite 65

Richtung Osten führt die Straße die Küste entlang. Ein erfrischendes Bad und ein Picknick bieten sich im quellwassergespeisten **Piula Cave Pool** an. Bei *Falefa* biegt die Straße dann ins Inselinnere ab. Kurz hinter dem *Lemafa Pass* können Sie links zum Ostkap abbiegen. Zwischen **Aleipata** und **Aufaga** ziehen sich die weißen Traumstrände Upolus hin. Die Dorfbewohner haben einfache Beach-Fales zum Picknicken und Übernachten gebaut, die sie vermieten (achten Sie auf Ihre Wertsachen!). Wer keine großen Ansprüche an den Komfort stellt und sich mit der Neugier der Dorfkinder abfindet, kann hier einen billigen Robinsonurlaub verbringen – von den Fales aus blicken Sie direkt auf eine glasklare türkisblaue Lagune und einige vorgelagerte Inseln.

Bei Lotofaga biegt eine Straße ab zum **Sopo'aga-Wasserfall,** von Regenwald umrahmt, der von einem Aussichtspunkt nahe der Straße eingesehen werden kann. Weiter geht es Richtung Westen. Bald ist der Nationalpark **O Le Pupu Pu'e** erreicht. Hier können Sie sich auf einem Lehrpfad Richtung Meer eingehend mit Samoas Tier- und Pflanzenwelt beschäftigen. Wer eine Abkühlung braucht: Unterhalb des *Togitogiga-Wasserfalls* wartet ein klarer Pool. Mit Führer kann man von hier aus den *Mt. Fito* (1100 m), den höchsten Berg der Insel, besteigen oder die *Peapea-Höhle* besichtigen. Der unmarkierte Weg zur Höhle führt durch dichten Regenwald; vertrauen Sie sich daher einem ortkundigen Führer an. In der Höhle, einer Lavaröhre in einem alten Lavastrom, nisten viele kleine Schwalben, die auf samoanisch Peapea heißen.

Im Südwesten liegen zwei schöne Strände: ***Salamumu Beach** liegt absolut einsam zwischen schwarzen Lavafelsen. ***Paradise Beach** verdankt seinen Namen dem Film „Return To Paradise“, der hier 1952 mit Gary Cooper und Roberta Hayes gedreht wurde.

Über die westliche Cross Island Road sind Sie schnell wieder in Apia.

Robert Louis Stevenson

Kein anderer Europäer hat je eine so innige Beziehung entwickelt zu diesem Land und seinen Menschen wie Stevenson, der schottische Schriftsteller und Autor der „Schatzinsel“. Nach ausgedehnten Reisen durch die Südsee verbrachte Stevenson seine letzten Lebensjahre in Samoa. Von Jugend an lungenkrank, diktierte Stevenson vom Krankenbett seines Hauses *Vailima* hoch über Apia seine letzten Werke. Der von den Samoanern hoch verehrte *tusitala,* Geschichtenerzähler, vertrat energisch die Freiheitsbestrebungen der Insulaner gegen die Kolonialmächte. Als Stevenson 1894 starb, wurde er in Begleitung aller Häuptlinge seinem letzten Willen gemäß auf dem Gipfel des Mt. Vaea, hoch über dem Hafen von Apia auf der Insel Upolu, beigesetzt. Die Straße zu seinem Haus nannten die dankbaren Samoaner „Straße der liebenden Herzen“.

Praktische Hinweise

Vorwahl: 0 06 85

ℹ s. S. 63

✈ s. S. 63. Faleolo International Airport im Westen Upolus; Taxi- und Bustransfer. Fagalii Airport östlich von Apia für Flüge von/nach American Samoa; Taxitransfer.

🚌 Alle Busse starten auf dem Platz vor dem Regierungsgebäude.

🏨 **Aggie Grey's Hotel,** Beach Rd., Apia, ☎ 2 28 80, FAX 2 36 26. Legen-

däres Südseehotel und erstes Haus am Platze. (S)
Kitano Tusitala Hotel, Beach Rd., Apia, ☎ 2 11 22, FAX 2 36 52. Eindrucksvolles samoanisches Runddach. (S)
Coconut Beach Club & Resort, an der Südküste, ☎ 2 48 49, FAX 2 00 71. Zimmer und Bungalows aus Bambus und Holz, direkt am Meer; gute Wassersportmöglichkeiten und Tauchbasis (Verleih von Unterwasser-HI 8-Videokamera und Unterwasser-Fotoapparat; Anfängerkurse). (S)
Sinalei Reef Resort, an der Südküste, ☎ und FAX 2 51 91. Neue komfortable Bungalowanlage am Meer. (S)
The Samoan Outrigger Hotel, Beach Road, Apia, ☎, FAX 2 00 42. Altes Kolonialhaus am Wasser, große, einfache Zimmer mit Gemeinschaftsdusche und -küche. $
Seaside Inn, am Hafen von Apia, ☎ 2 26 78, FAX 2 29 18. Zimmer mit und ohne Dusche. $

△ **Tafatafa Beach,** an der Südküste, ca. 10 km östlich von Siumu, und **O Le Satapuala Retreat,** fünf Minuten vom internationalen Flughafen entfernt.

Ⓡ **Apia Inn,** John William's Bldg., Beach Road, Apia, ☎ 2 10 10. Europäische Speisekarte. (S)
Coconut Restaurant, Coconut Beach Club. Kalifornisch-samoanische Gerichte, Steaks und Seafood. Büffet/Tanzshow am Sonnabend. (S)
Restaurant im **Sinalei Reef Resort,** ☎ 2 28 80. Sonnenuntergang bei internationaler Küche. (S)
Le Godinet Restaurant, Halbinsel Mulinu'u, ☎ 2 54 37. Hummergerichte und Spaghetti mit Meeresfrüchten. $
Rainforest, Beach Rd., Apia, ☎ 2 50 30. Kleine Gerichte und Frühstück, deutsche Besitzer. $
Sonntags sind die meisten Restaurants (außer in den Hotels) geschlossen.

Der Sopo'aga-Wasserfall

Die Einblicke, die ein Fale gewährt, stören mitten im Regenwald nicht besonders

Der Paradise Beach auf Upolu macht seinem Namen alle Ehre

Seite 65

Savai'i

Seite 69

Die größte Insel Samoas liegt vor der westlichen Haustür Upolus. Entlang der Insel ziehen sich feinsandige Strände und schroffe Küsten. Im Inselinneren wächst die höchste Erhebung Samoas, der Mt. Silisili, 1858 m in die Höhe. Einige der Vulkane Savai'is sind noch aktiv. Die Berge sind mit dichtem tropischem Regenwald bewachsen, der von einer kommerziellen Nutzung bisher verschont blieb.

Die Insel – noch dünner besiedelt als Upolo und mit einem noch gemächlicheren Lebensrhythmus – ist auch der Schauplatz vieler samoanischer Legenden, die in Savai'i Hawaiiki, die Urheimat der Polynesier, sehen. Die Insel lohnt naturkundliche Ausflüge zu den Lavafeldern, Blow Holes, Wasserfällen, den Steinpyramiden von Pulemelei und durch den Regenwald (*Ecotourism Tours,* ☏ 5 12 71, FAX 5 12 72).

Mit dem Leihwagen läßt sich die Insel in zwei Ausflügen erkunden, die Tour über die Süd- und Westküste bis Asau an der Nordküste sollte eine Übernachtung einschließen. Die asphaltierte Straße führt vom Hauptort **Salelologa** an der Südostküste, entlang der Ost- und Nordküste bis *Sasina* (etwa 60 km), eine zweite Route entlang der Südküste bis zum Westkap (100 km). Bei allen Sehenswürdigkeiten Savai'is ist wieder eine geringe „Gebühr" fällig, die die Dorfbewohner als ihren Anteil am Tourismus erheben.

Ost- und Nordküste

Vor der prächtigen Kirche von *Sapapali'i* erinnert ein Denkmal an den Missionar *John Williams,* der hier 1831 mit der Bekehrung der Samoaner begann. Hinter dem * *Cape Tuasivi* folgt ein etwa 20 km langer Strandabschnitt mit Blick auf die weite blaue Lagune. Es reiht sich Dorf an Dorf. Dann wechselt die Landschaft, und Sie fahren durch dichten, unbewohnten Busch. Hinter *Samalae'ulu* führt die Straße durch ein ausgedehntes ***Lavafeld:** Mehrere Eruptionen des Mt. Matavanu zwischen 1905 und 1911 verschütteten ein ganzes Dorf, nur vor dem Grab einer Jungfrau, dem **Virgins Grave,** teilte sich der Lavastrom und umfloß es auf seinem Weg zum Meer. Bei **Manase** wurde eine Hotelanlage errichtet, das tiefe Wasser eignet sich hier gut zum Schwimmen.

Süd- und Westküste

Ausgedehnte Bananen- und Kokospalmplantagen wechseln hier mit Eukalyptuswäldern. Hinter *Vailoa* versteckt sich im Dschungel des Landesinneren die ***Pulemelei-Steinpyramide.** Herkunft und Zweck dieses prähistorischen Monumentes sind unbekannt, sehr wahrscheinlich diente es aber als Kultstätte. Ein kleiner Wasserfall mit Pool ganz in der Nähe dient der Abkühlung.

Die Buchten der Südküste haben schwarzen Vulkansand, einer der schönsten Strände liegt nahe *Gataivai.* Dieser Küstenabschnitt ist Schauplatz eines Naturphänomens, das alljährlich im Oktober/November sieben Tage nach Vollmond stattfindet. Dann tauchen die 10 bis 20 cm langen, grün und braun gefärbten ***Palolo-Würmer** an die Wasseroberfläche. Die Einheimischen fangen sie mit kleinen Handnetzen und verzehren die kaviarähnliche Delikatesse roh.

Bei *Taga* führt ein Weg an die Küste zu den ***Blow Holes,** durch die meterhohe Wasserfontänen emporschießen.

Eine der landschaftlich reizvollsten Strecken auf Savai'i führt von *Sala'ilua* nach *Fagafau.* Immer wieder haben Sie atemberaubende Ausblicke auf die steilen Klippen und das blaue Meer hinaus. Am **Lover's Leap** soll sich ein Mädchen zusammen mit ihrem neugeborenen Kind die Klippen hinunter ins Meer gestürzt haben, weil ihr Geliebter sie verlassen hatte, so erzählt die Legende. Einmal im Jahr stimmen die Dorfbewohner ein Lied an und rufen damit vor an Fleiß und wirtschaftlichem Durchsetzungsvermögen überlegen. Als eine indisch dominierte Partei 1987 erstmals die Wahlen gewann, und die Fidschianer nun auch die politische Oberhand schwinden sahen, übernahm ein Armeeoffizier namens *Sitiveni Rabuka* in einem unblutigen Putsch die Macht und ließ eine Verfassung ausarbeiten, die den Fidschianern die Mehrheit im Parlament und damit die Regierungsgewalt sichert. Rabuka ist sich der Unterstützung der großen Mehrheit der Fidschianer sicher; er sorgte auch dafür, daß die Autorität des *Great Council of Chiefs,* der Versammlung der obersten Häuptlinge des Landes, wiederhergestellt wurde, ohne deren Konsens keine wichtige politische Entscheidung im Lande fällt. Trotz formaler Rückkehr zur Demokratie ist die von den Indern als Apartheid abgelehnte Verfassung bis heute der große innenpolitische Zankapfel geblieben. Seit dem Putsch haben schon Tausende indische Fachkräfte das Land verlassen und so Wirtschaft und Verwaltung empfindlich geschwächt.

Die meisten alteingesessenen Fidschianer leben noch auf dem Lande, entweder vom Kleinanbau oder vom Fischfang. Das Häuptlingssystem ist tief verwurzelt in der Gesellschaft, der *ratu* bestimmt bedingungslos über alle Belange seines Klans. Fidschianer sind sehr traditionsverbunden und achten auf die Bewahrung ihrer Sitten. In den Dörfern auf dem Lande wohnt man noch in *bures,* den traditionellen, strohgedeckten Hütten. Die streng ritualisierte *Kava*-Zeremonie (s. S. 85) wird bei allen offiziellen gesellschaftlichen Anlässen zelebriert. Ein *meke,* wie die Fidschianer ihre Gesangs- und Tanzdarbietungen nennen, sowie ein reichlicher *lovo,* das im Erdofen gegarte Mahl, runden ein Fest ab.

Im wirtschaftlichen Konkurrenzkampf mit den Indern tun sich die Fischianer jedoch immer noch hart. Lediglich im Tourismus finden sie die Arbeitsplätze, die ihrem Naturell entgegenkommen:

Steckbrief

350 Inseln, 18 400 km² Landfläche, 710 000 km² Wasserfläche.

770 000 Einwohner, davon 49 % Fidschianer, 46 % Inder, 5 % andere.

Sprache: Englisch, Fidschianisch und Hindi.

Währung: Fidschi Dollar (1 F$ = 1,05 DM, 7,40 öS, 0,85 sfr).

Attraktionen: Vielfalt an Inselformen, Natur im Überfluß, gastfreundliche Fidschianer.

Unterhaltung und Sport:
*** Baden, *** Schnorcheln und Tauchen, ** Trekking, ** Nachtleben (Suva).

Vorwahl: 0 06 79.

ⓘ Fiji Visitors Bureau, Thomson Street, GPO Box 92, Suva/Fiji, ☎ 30 24 33, 30 09 70; Nadi Airport, ☎ 72 24 33; gebührenfreier Info-Service rund um die Uhr in ganz Fidschi unter ☎ 08 00–72 17 21.

Die lebenslustigen, unterhaltsamen und fröhlichen Fidschianer sind perfekte Gastgeber, wie geschaffen für eine Freizeitindustrie, die mit dem Slogan wirbt: „Fiji – the way the world should be". Neben dem Zuckerrohranbau und der Förderung von Gold ist der Tourismus denn auch zur wichtigsten Einnahmequelle des Landes geworden. Schöne Strände, attraktive Tauchgründe, hohe Berge, dichter Regenwald und breite Ströme locken Bade- und Trekkingtouristen an – jedes Jahr über 300 000 und damit doppelt soviel wie Tahiti. Die Infrastruktur ist gut ausgebaut, das Angebot an Hotels der gehobenen und Spitzenklasse hält internationalen Maßstäben stand.

Reisewege

✈ Vom Nadi (sprich Nandi) International Airport an der Westküste Viti Levus bestehen Flugverbindungen mit den USA, mit Japan, den Solomon-Inseln, mit Australien, Neuseeland, Tonga und Western Samoa. Flughafengebühren bei Abflug ins Ausland 20 F $.

Air Fiji (Suva, ☎ 31 36 66, FAX 30 07 71) fliegt innerhalb Fidschis von Suva (Ostküste von Viti Levu) aus die Inseln Vanua Levu, Kadavu, Ovalau, Lakeba und Taveuni an. Der *Fiji Pass* für vier Inlandsziele kostet 199 US $ und gilt 30 Tage, jeder weitere Flug kostet 50 US $. *Sunflower Airlines* (☎ Suva, 31 57 55; Nadi Airport, ☎ 72 30 16, FAX 72 00 85) steuert von Nadi und Suva aus Vanua Levu, Taveuni, Kadavu und Malolo Lailai (Mamanucas) an.

Zu den Inselresorts der Mamanucas vor der Westküste Viti Levus fahren mehrmals täglich Fährboote ab Denarau Marina bei Nadi. Die Boote zu den Unterkünften auf den Yasawas starten in Lautoka. Fähren bedienen die Inseln Ovalau und Kadavu sowie Vanua Levu (Savusavu) und Taveuni ab Suva bzw. Natovi Landing an der Ostküste.

Linienbusse verkehren nur auf den großen Inseln Viti Levu, Vanua Levu und Taveuni.

Viti Levu

Das „große Fidschi" ist mit rund 150 km Länge und gut 100 km Breite eine der größten Inseln im Südpazifik. Im Inselinneren erheben sich hohe, regenwaldbedeckte Berge, der höchste ist der Mt. Victoria (1323 m). Entlang des schmalen, fruchtbaren Küstensaums hat sich der Großteil der 770 000 Insulaner angesiedelt. Die Hauptstadt Suva liegt an der Ostküste, internationale Flugdrehscheibe Fidschis hingegen ist Nadi an der trockeneren und sonnigeren Westküste, wo sich auch der Tourismus konzentriert.

Die meisten Strandhotels haben ihre eigene Tauchbasis, die schönsten Strände finden Sie aber auf den vorgelagerten Inseln. Tagesausflüge vor allem auf Inseln der Mamanucas lohnen. Nach Plantation und Magic Island segelt die *Seaspray* (ab Nadi, South Sea Cruises, ☎ 72 29 88), nach Beachcomber Island der Motorsegler *Raikivi* und der Dreimaster *Tui Tai* (ab Lautoka, ☎ 66 15 00). Wie wäre es mit einem Champagner-Segeltörn zu zwei unbewohnten Trauminseln? Die *Whale's Tale*, ein nostalgischer 33-m-Schoner, machts möglich. (☎ 72 24 55).

Die bergige Insel bietet Landratten vielfältige Möglichkeiten für Ausflüge ins Landesinnere, die Auswahl reicht von mehrtägigen Trekkingtouren über 4WD-Safaris bis hin zu Wildwasserfahrten (Adventure Fiji, ☎ 72 27 55).

Nadi

Die drittgrößte Stadt Fidschis, gesprochen Nandi, lohnt keinen längeren Aufenthalt. An der Hauptstraße reihen sich die Souvenirläden, Hotels und Pensionen aneinander, die Strandhotels der Spitzenklasse wurden außerhalb der Stadt auf der Halbinsel *Denarau* angelegt, wo Sie auch Golf- und Tennisplätze finden.

Wer gleich auf die *Mamanuca-* und *Yasawa-*Inseln mit ihren perfekten Südseestränden weiter will, kann zumindest einige kleine Ausflüge von Nadi machen: Im **Garden of the Sleeping Giant** lockt eine große Orchideensammlung (6,5 km nördlich des Flughafens, ⌚ Mo–Sa 9–17 Uhr). Von hier ist es nicht mehr weit bis **Lautoka,** als Zentrum des Zuckerrohranbaus auch *Sugar City* genannt. Im ****Abaca Park** hoch über Lautoka führt Sie ein Rundweg zwei Stunden lang durch die wilde Berglandschaft der *Koroyanitu Range*. Nur eine halbe Fahrstunde von Nadi entfernt erstrecken sich die **Nausori Highlands;** im bergigen Hinterland bieten sich immer wieder schöne Blicke auf die ausgedehnten Zuckerrohrplantagen rund um die Nadi Bay.

✈ Nadi International Airport. Flugverbindungen s. S. 76.
⛴ Schiffe zu den Mamanucas ab Denarau Marina, zu den Yasawas ab Lautoka.

🏨 **Sheraton Fiji Resort,** Denarau, ☎ 75 07 77, FAX 75 08 18. Luxushotel im amerikanischen Stil. $$$
Sheraton Royal Denarau Resort, Denarau, ☎ 75 00 00, FAX 75 02 59. Luxushotel im fidschianischen Stil

Zuckerrohrernte auf Viti Levu

Seite 81

Inder stellen fast die Hälfte aller Einwohner Fidschis

Ein touristischer Renner: die Blue Lagoon Cruise

Blue Lagoon Cruise

Möchten Sie jeden Tag in anderen kristallklaren Lagunen baden und schnorcheln, andere unberührte Strände und ursprüngliche fidschianische Dörfer kennenlernen, und zwar ohne viel Reiseorganisation und mit dem immer gleichen Hotelkomfort? Dann buchen Sie eine Blue Lagoon Cruise! Seit über 30 Jahren sind diese Kreuzfahrten durch die Yasawas die erfolgreichste Touristenattraktion Fidschis. Sie haben die Wahl zwischen ein- und mehrtägigen Törns, jeden Tag verläßt eines der komfortablen Schiffe mit maximal 35 Kabinen Lautoka auf Viti Levu. Da die Vollpension im Preis eingeschlossen ist, kommt diese Art des Fidschi-Urlaubs gar nicht viel teurer als der Aufenthalt in einem der Inselresorts – sieben Tage kosten ab 1650 F $ pro Person, vier Tage ab 925 F $. Dabei ist diese Art des Reisens abwechslungsreich und ideal für Stopover-Touristen mit maximal einer Woche Zeit für Fidschi. (Informationen und Buchung unter ☎ 66 16 22, FAX 66 40 98.)

inmitten eines tropischen Gartens. Ein Tip ist die Bula Hour (17.30 bis 18.30 Uhr): Die Getränke kosten die Hälfte, dafür gibt es fidschianische Gesänge zum Sonnenuntergang. $$$–$$

Seite 81

Sonaisali Resort, außerhalb Nadis am Strand, ☎ 79 04 11, Fax 72 03 92. GeräumigeZimmer. $$

Raffles Gateway Hotel, am Flughafen, ☎ 72 24 44, Fax 72 06 20. Preiswertes Stopover-Hotel. $$–$

⛺ **Seashell Cove Resort,** südlich von Nadi.

Chefs, Sagayam Street. Bestes Restaurant von Nadi, der Koch ist ein Deutscher. $$

Hamacho, Queens Road. Japanische Küche. $$

Curry House, Tandoori und **Maharaja,** alle Queens Road. Solide indische Küche. $

Bounty Restaurant, Queens Road. Fidschianische Gerichte, Fisch und Meeresfrüchte. $

Chefs Edge, Queens Road. Die Fastfood-Version des Bounty. $

Mario's Pizza, Queens Road. Italienische Snacks und Kaffee. $

Suva

Die mit 140 000 Einwohnern größte Stadt aller Südseeinseln liegt auf einer Halbinsel im regnerischen und schwülen Osten Viti Levus mit einem geschützten Naturhafen. Fidschianer, Inder, Chinesen, Bewohner anderer Pazifik-Inseln und Expats – weiße Geschäftsleute – verleihen der Stadt ein nahezu kosmopolitisches Flair. Unbedingt sehenswert ist der lebhafte und überaus bunte ***Markt** ❶, vielleicht einer der schönsten im Südpazifik (Usher/Rodwell Sts.). Besonders am Samstag vormittag preisen hier Händler Obst, Gemüse und alle Früchte des Meeres an. Interessant ist auch das obere Stockwerk, wo sich die Insulaner mit Kava und Gewürzen eindecken. Die enge *Cumming Street* führt in ein von Indern dominiertes Ladenviertel, das einem orientalischen Basar gleicht. Auf Souvenirsuche können Sie auch im **Handicraft Center** ❷ hinter der Post gehen. Wenn Sie Wert auf qualitätiv hochwertiges fidschianisches Kunsthandwerk legen, sollten Sie in **Wolf's Boutique** in der Thompson Street gehen.

Tip

In Suvas Straßen treiben die sogenannten *Swordsellers* (Schwertverkäufer) ihr Unwesen. Sie versuchen Touristen zum Kauf wertloser Holzschwerter zu nötigen, in dem sie blitzschnell deren Namen in das Schwert schnitzen. Bleiben Sie hartnäckig, dann läßt man Sie in Ruhe. Außerdem hat die Polizei ein wachsames Auge auf die Schwertverkäufer.

Parallel zum Hafenkai verläuft die **Victoria Parade,** gesäumt von Geschäften, Banken und Restaurants. Hier erinnern noch einige Gebäude an die Kolonialzeit, darunter das *Telegrafenamt* (Fintel), die *Old Town Hall* ❸ und das ***Grand Pacific Hotel** ❹. Das GPH, wie es hier jeder nennt, ist eines der legendären Hotels des Südpazifiks – *William Somerset Maugham* setzte ihm in seinen Südsee-Erzählungen ein Denkmal. Seit Jahren schon ist die dringend nötige Renovierung geplant – der Zeitpunkt steht indes noch immer nicht fest. Schräg gegenüber stehen die grauen **Government Buildings** ❺, 1937 von den englischen Kolonialherren erbaut. Die Glocke der Turmuhr schlägt heute noch die gleiche Melodie wie der Londoner Big Ben. Vor dem Gebäude erinnern Statuen an die beiden großen Staatsmänner *Ratu Seru Cakobau* und *Ratu Lala Sukuna* (s. S. 74).

In den *Thurston Gardens,* einem kleinen Botanischen Garten, präsentiert das ****Fiji Museum** ❻ eine sehr interessante Sammlung von Kriegskeulen, Speeren, Kannibalenbesteck, Schüsseln und Töpferwaren. Außerdem gibt es eine *Drua* zu besichtigen, ein traditionelles fidschianisches Kriegskanu mit Doppelrumpf (🕓 Mo–Sa 8.30 bis 16.30 Uhr).

Südlich des Botanischen Gartens grüßt von einem Hügel am Queen Elizabeth Drive das ***Government House**, 1928 im Kolonialstil errichtet. Heute ist es Residenz des Präsidenten und kann nicht besichtigt werden. Vor dem Tor hält ein fidschianischer Soldat im *sulu*, dem traditionellen Wickelrock, und roter Uniformjacke Wache.

Suva bietet auch etwas für Nachtschwärmer. Gesellige Kneipen sind *O'Reilly's, Bad Dog Café* und *The Office*, alle an der Victoria Parade. Im *Traps* an der Victoria Parade gibt es am Wochenende Live-Musik (Jazz, Blues, Rock) und viel Lokalkolorit. *Lucky Eddies*, ebenfalls an der Victoria Parade, ist die heißeste Disko des Landes.

ℹ s. S. 75

✈ Nausori Airport, 23 km außerhalb von Suva. Flugverbindungen s. S. 76.

⛴ Ab Suva Harbour Autofähren nach Vanua Levu und Taveuni tgl. außer So. Ab Natovi Landing (Ostküste, Bustransfer ab Suva) täglich Fähre nach Ovalau und Autofähre nach Vanua Levu.

🏨 **Suva Travelodge,** Victoria Parade, ☎ 30 16 00, 📠 30 02 51. Größtes Hotel und Treffpunkt der Geschäftsleute. ($)

Berjaya Hotel, Gordon St., ☎ 31 23 00, 📠 30 13 00. Schöner Blick auf Suva und den Hafen von den Zimmern in den oberen Stockwerken. ($)

Suva Motor Inn, Mitchell/Gorrie Sts., ☎ 31 39 73, 📠 30 03 81. Appartements in ruhiger Anlage mit Pool. ($)–$

South Sea Private Hotel, Williamson Rd., ☎ 31 22 96, 📠 34 02 36. Einfache Doppel- und Mehrbettzimmer, Gemeinschaftsdusche. $

Fischmarkt in Suva

Seite 79

❶ Markt
❷ Handicraft Center
❸ Old Town Hall
❹ Grand Pacific Hotel
❺ Government Buildings
❻ Fiji Museum

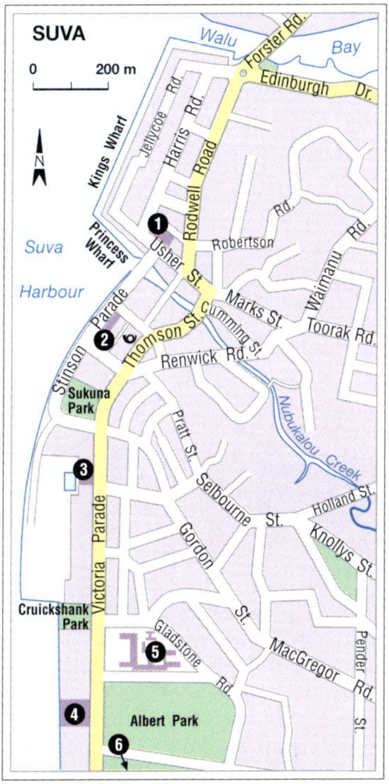

Seite 81

Ⓡ **Cardo's Chargrill Restaurant** (hinter Regal-Kino, Victoria Parade), ☏ 31 43 30. Steaks von fidschianischen Rindern, Sushi und Sashimi, ausgewählte Weine. Ⓢ

Great Wok of China, Rewa/Bau Sts., ☏ 30 12 85. Gehobene Qualität, bester Chinese des Landes. Ⓢ

Bad Dog Café, Victoria Parade/ McArthur St. Modernes Café, serviert bis spät abends Pasta, Salate und Fischgerichte. Ⓢ

Curry House, Victoria Parade (im Ming Palace). Solide indische Currygerichte. Ⓢ

Hare Krishna in der Cumming und Pratt Street. Indisches Lokal mit guten vegetarischen Gerichten. Nur tagsüber geöffnet. Bestes Eis in Suva. Ⓢ

Die **Imbißstände im FNPF-Place** (Bürohaus schräg gegenüber vom Travelodge Hotel) haben auch sonntags geöffnet. Ⓢ

Inselrundfahrt

Rund um Viti Levu führt eine Küstenstraße, die im nördlichen, nicht ganz durchgehend asphaltierten Teil Kings Road heißt, im südlichen Queens Road.

Auf der **Queens Road** geht es entlang der Südküste Viti Levus in rund dreieinhalb Stunden von Nadi nach Suva. Farmen, Zuckerrohr- und Gemüsefelder prägen das fruchtbare Anbaugebiet der Nadi Bay. Kurz vor dem *Fijian Hotel* beginnt mit dem **Natadola Beach** die **Coral Coast,** die sich bis *Pacific Harbour* zieht und an der sich die Hotels der Südküste konzentrieren. Der kilometerlange, makellos weiße Strand von Natadola ist eindeutig der schönste der Insel; von der Einfahrt des Fijian Hotel aus fährt eine ehemalige Zuckerrohrbahn dorthin.

Kurz vor *Sigatoka* zweigt nach einer Bahnüberführung die Kulukulu Road ab zu den riesigen **Sanddünen** am Meer; 15 Fußminuten brauchen Sie, um in den Genuß eines herrlichen Blickes über die Dünen aufs Meer zu kommen.

Sigatoka, am gleichnamigen, zweitlängsten Fluß der Insel gelegen, ist Ausgangspunkt für Fahrten auf der ***Sigatoka Valley Road** ins Landesinnere (s. S. 82); zumindest einige Kilometer sollten Sie die Küste hinter sich lassen, um einen Eindruck von der lieblichen, fruchtbaren Tallandschaft zu bekommen.

Auf Höhe von Korolevu lockt auf der Insel **Vatulele** ein herrlicher Strand; das exklusive *Vatulele Island Resort* nimmt Sie als Gast nur auf, wenn Sie mindestens vier Tage bleiben (☏ 79 03 00, FAX 72 00 62, ⓈⓈ; Anreise mit Sunflower Airlines ab Nadi).

Vor der Küste zwischen *Navua* und *Pacific Harbour* können Sie die Konturen der Inseln **Beqa** (sprich „Benga") und **Yanuca** erkennen. Die Bewohner Beqas haben die spirituelle Gabe, über glühende Steine zu gehen. Diese wurde einem Stamm auf Beqa von einem Gott verliehen, dessen Geist von einem Fischer eingefangen und wieder freigelassen wurde. Heute wird das Feuergehen vor allem in Hotels und auf touristischen Veranstaltungen vorgeführt: Die Nachkommen des Stammes der Sawan laufen barfuß über Lavasteine, die zuvor in einem Holzfeuer erhitzt wurden. Die einzige Unterkunft auf Beqa, das *Marlin Bay Resort,* hat sich auf Tauchen spezialisiert (☏ 30 40 42, FAX 30 40 28; ⓈⓈ). Bootstransfer ab Pacific Harbour).

Das ***Pacific Harbour Cultural Centre,** ein großes Freilichtmuseum, liegt rund 50 km vor Suva. „Krieger" rudern Sie in einem Boot durch künstlich angelegte Kanäle, in traditionellen Bures führen Fidschianer die Herstellung einheimischen Kunsthandwerks vor. Die kriegerische Vergangenheit der Inseln wird täglich auf einer Bühne wieder lebendig, traditionelle Tänze und Feuergehen werden Ihnen ebenfalls vorgeführt. Im Kulturzentrum können Sie Kunsthandwerk kaufen. (🕓 tgl. 10–18 Uhr.)

Auf einer Mangroven-Insel rund 10 km vor Suva liegt ***Orchid Island,** ein klei-

Die Feuergeher von Beqa

Im Sigatoka Valley

neres Freilichtmuseum, dem ein Botanischer Garten und ein kleiner Zoo angeschlossen sind (⏲ tgl. 10–17.30 Uhr).

Von Suva (s. S. 78) führt nun die **Kings Road** über *Nausori* in vielen Windungen entlang des *Wainibuka River* bis *Nanukuloa* durch das Landesinnere, und dann entlang der Nordküste nach Nadi. Abgesehen von einem kurzen Abschnitt ist die gesamte Strecke asphaltiert, sie ist jedoch erheblich länger als die Queens Road. Für die Fahrt durch das ländliche Fidschi sollten Sie sich daher mindestens einen Tag Zeit nehmen.

Von der *Ellington Wharf* kurz vor Rakiraki legen die Boote ab zu den Resorts auf der vorgelagerten Insel **Nananu-I-Ra** (*Mokusigas Island Resort*, ☏ 69 44 49, FAX 69 44 04, Tauchbasis, Ⓢ; *Nananu Beach Cottages*, ☏ 69 46 33, Ⓢ).

In **Rakiraki** ist links neben der Straße Udre Udre, der letzte Kannibalen-Häuptling von Fidschi begraben; er hat um die Jahrhundertwende gelebt und soll 800 Menschen verspeist haben, weshalb ebensoviele Steine sein Grab zieren.

Seite 81

Von Rakiraki bis Tavua verläuft die Straße an der Küste entlang durch ausgedehntes Weideland. Kühe sind hier kein seltener Anblick. 5000 Rinder und 200 Pferde gehören allein zur 7000 ha großen *Yaqara Cattle Farm,* der größten Rinderfarm Fidschis, die nicht besichtigt werden kann. Von *Tavua* zweigt eine Straße landeinwärts ab nach **Vatukoula,** dem „goldenen Felsen", wo seit 1934 über und unter Tage Gold abgebaut wird.

Ba ist Zentrum des größten Zuckerrohranbaugebiets der Insel und von Indern dominiert. Hier zweigt die *Sigatoka Valley Road* nach Süden ab; wer nicht die ganze Strecke fahren will, sollte sich zumindest Navala anschauen (siehe rechts). Von Ba fahren Sie noch eine halbe Stunde über Lautoka nach Nadi.

Expreß-Busse ab Nadi, Lautoka und Suva befahren Queens und Kings Road mit Stopps an allen Hotels, an der Ellington Wharf und in größeren Orten.

H *Queens Road:*
The Fijian, Coral Coast, ☎ 52 01 55, FAX 50 04 02. Das beste Hotel an der Südküste mit schönem Strand bietet alle nur denkbaren Freizeitaktivitäte und ein Kinderprogramm. $$$–$$
Hideaway Resort, Coral Coast, ☎ 50 01 77, FAX 52 00 25. Gut ausgestattete Bungalows am Meer, vielseitiges Freizeitprogramm. $$
Tambua Sands Beach Resort, Coral Coast, ☎ 50 03 99, FAX 52 02 65. Die Bungalows liegen in einem ruhigen Palmenhain. $$
Sandy Point Beach Cottages, Coral Coast, ☎ 50 01 25, FAX 52 01 47. Vier moderne Bungalows, komplett für Selbstversorger eingerichtet. $

H *Kings Road:*
Wananavu Beach Resort, zwischen Rakiraki und Ellington Wharf im Meer, ☎ 69 44 33, FAX 69 44 99. Neues Resort, 12 Bungalows mit Blick; Tauchbasis. $$ inkl. Frühstück.
Rakiraki Hotel, auf halber Strecke der Kings Road, ☎ 69 41 01, FAX 69 45 45. Sauberes Hotel für einen kurzen Aufenthalt. $

Fahrten ins Landesinnere von Viti Levu

Für die folgenden beiden Ausflüge ins Landesinnere brauchen Sie eine gute Karte (erhältlich in den Schreibwaren- und Souvenirgeschäften) sowie ein Fahrzeug mit Vierradantrieb und hoher Bodenfreiheit (Vermietung in Nadi und Suva). Die Straßen sind nicht asphaltiert und in der Regenzeit schwer befahrbar. Beide Strecken sind jeweils eine Tagesfahrt und erfordern auch in der Trockenzeit etwas Erfahrung am Steuer eines Geländewagens. Über den Zustand der schwierigeren Monasavu Road sollten Sie sich deshalb vorher beim Department of Land and Survey in Lautoka (☎ 66 18 00) oder Suva (☎ 21 15 16) informieren.

Die ***Sigatoka Valley Road** führt durch das Tal des Sigatoka River, des zweitlängsten Flusses Fidschis. Sie verbindet Sigatoka an der Queens Road im Süden mit Ba an der Kings Road im Norden. Den südlichen Teil nennen die Insulaner gerne ihre „Salatschüssel", hier wird intensiv Obst und Gemüse angebaut. Je weiter Sie ins Inselinnere kommen, desto urwüchsiger und reizvoller wird die Landschaft, in er nur einige abgelegene Dörfer eingebettet sind. Einen Stopp lohnt **Navala** mit fast ausschließlich traditonellen Bures.

Die ***Monasavu Road** schlängelt sich über das hügelige Hochland quer durch die Insel, durch Grassteppen und Regenwälder, vorbei an vielen abgele-

Das Südseeideal schlechthin – die Yasawas

genen ursprünglichen Dörfern. Ausgangspunkte sind Suva im Süden und Tavua im Norden. Die Strecke führt am Monasavu-Staudamm vorbei, wo ein Kraftwerk den Großteil des Stromes für Viti Levu produziert, sowie am *Mt. Victoria* (1323 m), dem höchsten Berg Fidschis.

Seite 81

* Mamanuca-Inseln

Das runde Dutzend kleiner Inseln vor der Westküste bildet das touristische Schatzkästchen Fidschis, ideal für einen geruhsamen Badeurlaub. Die Gruppe umfaßt kleine, flache Koralleninseln mit weißem Strandsaum rundherum, wie zum Beispiel *Beachcomber* oder *Treasure Island,* sowie hügelige, grasbewachsene Inseln mit großen Sandbuchten wie *Malolo, Mana, Matamanoa* oder *Tokoriki.* In den Inselresorts können Sie alle möglichen Wassersportarten betreiben, der Transport mit Booten und Kleinflugzeugen ist gut organisiert, ganz Eilige chartern in Nadi einen Hubschrauber oder ein Wasserflugzeug für den Inselsprung. Begeisterte Segler können auch ein Boot mieten und damit die Inselwelt erkunden (The Moorings bei Musket Cove auf Malolo Lailai, der kleinen Nachbarinsel von Malolo, ☎ und FAX 66 67 10).

✈ Sunflower Airlines fliegt mehrmals tgl. von Nadi nach Malolo Lailai und Mana Island (☎ 72 30 16). Die Hubschrauber von Island Hoppers (☎ 72 04 10) und die Wasserflugzeuge von Turtle Airways (☎ 72 29 88) können für Flüge zu den Inseln gechartert werden.

⛴ Mehrmals täglich fahren Fährboote die Mamanucas ab. Island Express steuert ab Denarau Marina bei Nadi die Inselresorts Mana, Matamanoa, Castaway, Naitasi und Plantation an (South Sea Cruises, ☎ 72 29 88). Beachcomber Cruises bedient Beachcomber und Treasure Island (☎ 66 15 00).

H **Sheraton Vomo Island Resort,** ☎ 66 81 22, FAX 66 85 00. Der Luxus beginnt schon bei der Anreise per Hubschrauber. $$
Castaway Island, ☎ 66 12 33, FAX 66 57 53. 66 Bungalows für je vier Personen am Strand. $$
Naitasi Resort, ☎ 72 01 92, FAX 66 91 97. Bungalows mit und ohne Küche, langer Sandstrand, Wanderwege. $$–$$
Matamanoa Island Resort, ☎ 66 05 11, FAX 66 10 69. 21 großräumige Bungalows, schöner Strand. $$
Tokoriki Island Resort, ☎ 66 68 59, FAX 66 52 95. 19 Bungalows an kilometerlangem Traumstrand. $$
Treasure Island Resort, ☎ 66 69 99, FAX 66 69 55. 68 Bungalows rings um die Insel am Strand. $$
Beachcomber Island, ☎ 66 15 00, FAX 66 44 96. Junges Publikum, viel Action, Mehrbettzimmer, Doppelzimmer und Bungalows. $$–$

R in den Hotels.

Tip: Mit dem Fährboot *Island Express* können Sie preisgünstig eine Kreuzfahrt durch die Mamanucas machen, in einem der Resorts zum Baden bleiben und mit dem nächsten Boot zurückfahren.

** Yasawa-Inseln

Die Kette von 7 größeren und vielen kleinen vulkanischen Inseln setzt sich von den *Mamanucas* bogenförmig nach Nordosten fort. Mit ihren Palmhütten-Dörfern und Traumstränden kommen die Yasawas von allen Fidschi-Inseln dem Südsee-Ideal am nächsten. Im Unterschied zu den Mamanucas wurden hier, von einer Handvoll Luxusresorts abgesehen, noch keine größeren Hotelanlagen gebaut. Dafür werden sie regelmäßig von kleinen Kreuzfahrtschiffen besucht, die von Lautoka oder Nadi aus starten. Auf *Turtle Island* wurde Ende der siebziger Jahre der Film „Blue Lagoon“ mit

Brooke Shields gedreht. Heute wartet dort eines der exklusivsten Inselresorts des Landes auf gut betuchte Urlauber. Für Touristen sind außer Turtle Island nur Tavewa, Yasawa, Waya und Wayasewa zugänglich, alle anderen Inseln können höchstens im Rahmen einer Kreuzfahrt besucht werden.

Einmal tgl. mit Sunflower Airlines von Nadi nach Yasawa Island (72 30 16). Turtle Airways setzt Wasserflugzeuge von Nadi aus nach Turtle Island ein (72 29 88).
Die Resorts der anderen Inseln holen ihre Gäste per Schiff ab Lautoka ab.

Turtle Island Resort, 66 38 89, 72 00 07. Exklusivität pur – jede der 14 Villen hat einen eigenen Strand. $
Yasawa Island Lodge, 66 33 64, 66 50 44. 16 große Luxusbungalows, 10 einsame Strände zur Auswahl. $
Octopus Club, Waya Island, 66 63 37, 66 62 10. Einfache

Die Mamanucas – ein touristisches Schatzkästlein

Seite 81

Aus der Kava-Wurzel wird Yaqona hergestellt

Kava – mehr als ein Getränk

Aus der Wurzel der Pfefferpflanze stellen die Fidschianer ein leicht narkotisierendes Getränk her. Die Wurzel wird getrocknet und in einem Mörser zerstoßen. In der *tanoa*, der hölzernen Kava-Schale, wird das hellbraune, faserige Pulver mit Wasser vermischt und in Kokosnußschalen zum Trank gereicht. Es schmeckt bitter und sieht auch nicht gerade appetitlich aus. Der Trank wird in Fidschi auch *Yaqona* (gesprochen: Jangona) oder *Grog* genannt und ist, in Maßen genossen, nicht gesundheitsschädlich. Als natürliches Schlaf- und Beruhigungsmittel wird der Grundstoff auch bei uns in Tablettenform verkauft. Er soll noch andere, bisher wenig erforschte Heileigenschaften haben.

Die Kava-Zeremonie ist vor allem in Fidschi, aber auch in Samoa und Tonga sowie allen melanesischen Ländern weit verbreitet. Kein Vertrag, keine Hochzeit, keine Beerdigung ist ohne Kava zu denken. Die Dorfältesten diskutieren beim Kava öffentliche Belange. In Fidschi folgt eine Kava-Zeremonie einem strengen Protokoll. Gewöhnlich bringt der Gast ein Bündel Yaqona-Wurzeln mit, das in langatmigen Reden gewürdigt wird, bevor das Gebräu zubereitet wird. Die erste Schale Yaqona wird dem Ranghöchsten oder dem Ehrengast zum Trunk gereicht. Dieser klatscht einmal hohl in die Hände, leert die Schale in einem Zug und klatscht zum Dank dreimal in die Hände.

Genauso sollten Sie es auch tun, wenn Ihnen Kava offeriert wird. Niemals dürfen Sie das Angebot ablehnen, wollen Sie Ihre Gastgeber nicht aufs tiefste beleidigen.

Seite 81

Tip

Beim Flug von Suva nach Ovalau kann man einen Blick auf ***Bau** erhaschen, eine winzige, dicht mit fidschianischen Bures bebaute Insel direkt vor der Küste Viti Levus. Sie war früher Sitz des *Tui Viti*, des obersten Häuptlings von Fidschi. Die Nachkommen von Ratu Seru Cakobau leben heute noch hier. Die Insel ist für Fremde tabu und kann nur auf Einladung der Häuptlingsfamilie betreten werden.

Bungalows am Strand, auch Mehrbettzimmer. $
David's Place, ☎ und 📠 72 18 20, und **Coral View Resort,** ☎ 72 41 99. Zwei einfache Unterkünfte auf Tavewa. $
Dive Trek Wayasewa, Wayasewa Island, ☎ 66 97 15. Einfache Strandhütten mit Gemeinschaftsduschen. $

⚠ **David's Place** und **Coral View Resort** auf Tavewa.

Ⓡ in den Hotels.

Lomaiviti-Inseln

Die wichtigste Insel dieser kleinen Gruppe östlich von Viti Levu ist **Ovalau** mit der alten Hauptstadt ***Levuka**, bis 1882 Sitz der britischen Kolonialverwaltung. Die verblichenen hölzernen Fassaden entlang der Beach Road verleihen dem Städtchen den Charakter einer Westernstadt, hier scheint die Zeit seit der Jahrhundertwende stehengeblieben zu sein. In einer alten ehemaligen Lagerhalle ist ein kleines Museum mit Bibliothek untergebracht. Im Ovalau Club kann man einen Brief des legendären Graf von Luckner besichtigen, der als Kommandant eines getarnten Hilfskreuzers der Deutschen Marine im Ersten Weltkrieg den Pazifik unsicher machte. Vom Mission Hill hinter dem Ort, zu dem 199 Stufen hinaufführen, hat man einen schönen Blick auf die Stadt. Das historisch wichtigste Wahrzeichen sind die Cession Stones am südlichen Ortsausgang. Hier wurde am 10. Oktober 1874 die Abtretungsurkunde (*Deed of Cession*, s. S. 74) an England unterschrieben. Örtliche Führer veranstalten Ausflüge zum *Lovoni Village* mitten in einem Vulkankrater in der Inselmitte. Die Dorfbewohner waren einst gefürchtete Krieger, die Levuka mehrmals dem Erdboden gleichmachten.

Die Insel ***Wakaya** östlich von Ovalau spielte eine Rolle in den Geschichten um Graf Felix von Luckner. Heute gehört die Insel einem amerikanischen Milliardär, der dort ein Luxusresort gebaut hat. Die Insel **Naigani** hat ein kleines Dorf, einige Strände und ein Resort an der Südküste. Gute Strände finden Sie auf **Leleuvia.**

✈ Flugverbindung mehrmals tgl. Suva–Ovalau (10 Min. Flugzeit).

⛴ Fähre von Viti Levu (Natovi Landing an der Ostküste) nach Naigini und Leleuvia, Motorboote zwischen Ovalau und Leleuvia.

Ⓗ **Club Wakaya,** Wakaya Island, ☎ 44 01 28, 📠 44 04 06, privater Flugtransfer ab Nadi oder Suva. Exklusives Luxusresort mit 8 Villen und 32 Stränden; eigenes Flugzeug. $$$
Naigani Island Resort, Naigani Island, ☎ 31 20 69, 📠 30 20 58. Schöner Strand, große Bungalows und Mehrbettzimmer. $$–$
Royal Hotel, Levuka, Ovalau, ☎ 44 00 24. Ältestes Hotel Fidschis in einem alten Kolonialhaus, einfache Zimmer mit Bad. $
Mavida Lodge, Levuka, Ovalau, ☎ 44 04 77. Einfaches Gästehaus mit Gemeinschaftsduschen. $
Leleuvia Island, Leleuvia Island (südwestlich von Ovalau), ☎ 30 15 84, 31 33 66. Junges Publikum, schöner Strand, sehr einfache Hütten. $

⚠ **Rukuruku Holiday Resort,** Ovalau.

Ⓡ in den Hotels.

Vanua Levu

Das „große Land" ist knapp halb so groß wie das „große Fidschi" (Viti Levu) und damit zweitgrößte Insel Fidschis. Haupteinnahmequelle der 125 000 Bewohner sind Zuckerrohr und Kokosprodukte. Das Leben ist ruhig und ländlich, seit der Kolonialzeit hat sich hier nicht viel verändert. In der größten Stadt *Labasa* (5000 Einw.) an der Nordküste produziert die einzige Zuckerfabrik der Insel. Die wenigen Hotels liegen im Süden, in der Umgebung von **Savusavu** (2000 Einw.). Die natürliche Hafenbucht dieser kleinen Pflanzersiedlung bildet einen sicheren Ankerplatz, der besonders in der Hurrikanzeit gern von Weltumseglern aufgesucht wird. Aber auch immer mehr Sporttaucher aus aller Welt kommen hierher. *Jean Michel Cousteau*, der Sohn des französischen Meeresforschers, hat bei Savusavu ein Tauchresort eröffnet, wo er mehrmals im Jahr meereswissenschaftliche Seminare durchführt. Die besten Tauchgründe finden Sie zwischen den Inseln Vanua Levu und Taveuni sowie rund um die kleine Insel Namenalala. Die größeren Resorts veranstalten Reitausflüge.

Von Tauchen bis Trekking – langweilig wird es bestimmt nicht!

Seite 87

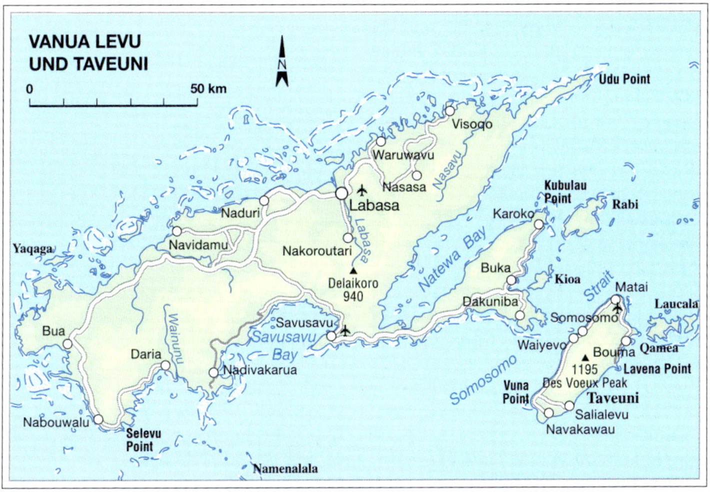

Seite 87

Mehrtägige Kajaktouren können Sie bei *Fiji by Kayak* buchen (☎ 85 03 72).

Treffpunkt für Segler und Taucher ist die **Copra Shed Marina** an der Hafenbucht von Savusavu. Dort haben sich der Savusavu Yacht Club, ein Tauchunternehmen, einige Appartements und ein Café etabliert. Hier liegen auch die Segelboote, die Sie chartern können. Am Fuße des Hot Springs Hotel dampft eine kleine * *Thermalquelle*, die von Einheimischen zum Kochen und Waschen genutzt wird. Einen schönen Ausblick über den Naturhafen bietet sich von der **Savarekareka Mission**, einer Kapelle von 1870, 10 km nördlich der Stadt. An der Ausfallstraße nach Osten wurde eine neue **Kopra-Mühle** errichtet, in der Sie zusehen können, wie aus dem Kokosnußfleisch Öl und andere Produkte gewonnen werden.

Flughafen 3 km östlich von Savusavu. Tgl. Verbindungen zwischen Savusavu und Viti Levu (Sunflower Airlines ab Nadi und Suva, Air Fiji und Vanua Air ab Suva).

Autofähren zwischen Savusavu und Viti Levu (Suva und Natovi Landing an der Ostküste). Bootstransfer von Savusavu nach Namenalala.

Cousteau Fiji Islands Resort, ☎ 85 01 88, FAX 85 03 40. Auf Tauchen spezialisiert, 20 großzügige Bungalows in Palmenhain am Meer, stimmungsvolle Sonnenuntergänge. $$$
Namale Plantation, östlich des Flugplatzes ,☎ 85 04 35, FAX 85 04 00. Romantische Bungalowanlage in tropischem Garten am Meer; Reiten, Tennis. $$$
Kontiki Resort, 15 km östlich von Savusavu, ☎ 85 02 62, FAX 85 03 55. Gepflegte Anlage am Meer, Tauchbasis, 18-Loch-Golfplatz, Reiten. $$
Moody's Namena, Insel Namenalala (40 km südlich von Vanua Levu), ☎ 81 37 64, FAX 81 23 66. 6 geräumige Bungalows auf bewaldetem Bergrücken, konsequent ökologisches Konzept, Traumstrand, Tauchbasis, ausgezeichnetes Essen. $$
Hot Springs Hotel, Savusavu, ☎ 85 01 95, FAX 85 04 30. Einfache und komfortablere Zimmer mit Bad und Blick auf die Bay. $
David's Place, Savusavu.

Preiswerte Pauschalangebote mit einfachen Unterkünften für Taucher bietet Eco Divers, Savusavu, ☎ 85 01 22, FAX 85 03 44.

Captains Café, Copra Shed Marina. Pizza und Sandwich für den kleinen Hunger. $
Restaurant im **Hot Springs Hotel.** Internationale Küche. $

Taveuni

Regenreich und mit üppigem Grün bedeckt – die kleine Nachbarinsel im Osten Vanua Levus macht ihrem Beinamen „Garteninsel" alle Ehre. An den sanften Abhängen der Berge grünen Weiden und Plantagen, seit einiger Zeit wird auch Kaffee angebaut. Der bis zu 1000 m hohe Bergrücken in der Längsachse der Insel ist von dichtem Regenwald bedeckt. Durch Taveuni verläuft unsichtbar der 180. Meridian, die internationale Datumsgrenze (*dateline*, s. S. 26). Damit sich aber die Bewohner Fidschis nicht mit unterschiedlichen Daten plagen müssen, wurde die tatsächliche Datumsgrenze jedoch in einem Bogen um Fidschi herumverlegt. Taveunis rund 5000 Bewohner sind ausgesprochen gastfreundlich. Auch Inder und Fidschianer scheinen hier harmonischer zuammenzuleben als anderswo.

Die Tauchgründe um Taveuni werden von Insidern zu den besten der Welt gerechnet. Berühmt ist der ** **Great White Wall,** eine senkrecht in die Meerestiefe abfallende Wand aus weichen weißen Korallen in der Meeresstraße zwischen Taveuni und Vanua Levu. Schon lange haben sich deshalb die Hotels von Taveuni und den im Osten liegenden kleineren Inseln auf Taucher spezialisiert. Segelfans können mehrtägige Törns auf der 15-m-Jacht

Seax of Legra buchen (Warwick & Dianne Bain, P. O. Box 89, Waiyevo/Taveuni, ☏ 📠 88 01 41). Aber auch Landratten bietet Taveunis reizvolle Naturlandschaft viele Möglichkeiten für Ausflüge und Wanderungen auf der grünen Insel; mit und ohne Führer werden diese von allen Hotels organisiert.

Waiyevo an der Westküste ist das Verwaltungszentrum der Insel, hier legen auch die Fähren an. Größter Ort aber ist **Somosomo,** hier tritt in einem imposanten fidschianischen Versammlungshaus der Häuptlingsrat der Provinz *Cakaudrove* zusammen.

Weiter südlich fällt in einer Kokospalmplantage das Gebäude der **Wairiki Catholic Mission** auf. Die bunten Glasfenster sind angeblich Überbleibsel einer Kathedrale, die während der Französischen Revolution zerstört wurde.

An der Ostküste führt ein netter Spaziergang zum ***Bouma Waterfall,** wo das Wasser 24 m tief in einen Pool stürzt. Wenn Ihnen nach einem erfrischenden Bad ist – Umkleidekabinen sind vorhanden. Das lauschige Plätzchen ist auch schön für ein Picknick.

Wenige Kilometer südlich beginnt der ***Lavena Coastal Walk,** der Ihnen auf 5 km die Natur näher bringt: weiße und schwarze Strände an der Küste, Bäche und Wasserfälle im unberührten Regenwald. Dieser urzeitlich wilde Küstenabschnitt lieferte auch die Kulisse für den Hollywoodstreifen „Rückkehr zur blauen Lagune“.

Wairiki Catholic Mission

Ein erfrischendes Bad im Fluß

Ein Tag geht zu Ende auf Taveuni

Seite 87

Seite 87

Etwas mehr Ausdauer erfordert der ***Wainibau River Trek,** eine Ganztagestour, die dem Flußlauf des *Wainibau River* ins Landesinnere bis zu einem Wasserfall folgt.

Auf den 1195 m hohen ***Des Voeux Peak** führt eine kombinierte 4WD-Trekking-Tour, die ebenfalls einen vollen Tag dauert. Hinauf geht es im Geländewagen, hinunter auf Schusters Rappen in etwa drei Stunden durch den dichten Regenwald entlang des *Tavuki Creek*.

Am legendenumwobenen **Lake Tagimaucia** wächst in 1000 m Höhe eine äußerst seltene Blume gleichen Namens, die nur hier vorkommt. Die rotweißen Blüten der Kletterpflanze, die sich ab Mitte Dezember entfalten, sollen die Tränen einer jungen Frau sein, die damit ihren Vater rührte, so daß sie nicht den von ihm Auserwählten zum Mann nehmen mußte, sondern ihren Liebsten heiraten durfte. Auf- und Abstieg sind in sieben Stunden zu bewältigen.

Spaß verspricht die natürliche Wasserrutsche bei **Waitalava** an der Westküste, die ein Bach in den Felsen modellierte. Die Kaskaden sind über einen Buschpfad in etwa 20 Minuten Fußmarsch von der Küste aus zu erreichen.

Matai Airstrip an der Nordspitze der Insel. Tgl. von/nach Viti Levu (Air Fiji ab/bis Suva, Sunflower Airlines ab/bis Suva und Nadi).

Autofähren von Viti Levu (ab Lautoka, Suva und Natovi Landing) legen zwischen Waiyevo und Somosomo an.

Dive Taveuni, 1 km vom Flugplatz, oberhalb des Meeres, ☏ 88 04 41, Fax 88 04 66. Tauchresort, Bungalows mit Blick auf die Somosomo Strait. $$
Maravu Plantation, gegenüber dem Dive Taveuni, ☏ 88 05 55, Fax 88 06 00. Neun komfortable Bungalows in einer Kokospalmplantage, Strand in Laufweite. $$
Garden Island Resort, bei Waiyevo am Meer, ☏ 88 02 86, Fax 88 02 88. Einfache Zimmer, Tauchbasis. $
Bibi's Hideaway, nahe Flugplatz, ☏ 88 04 43. Drei Bungalows und ein Haus mit zwei Schlafräumen. $
Kaba's Motel & Guesthouse, Somosomo, ☏ 88 02 33, Fax 88 02 02. Appartements mit Küche, Zimmer mit Gemeinschaftsdusche und -küche. $
Nomui Lala Resort (früher Susie's Plantation), Vuna, ☏ und Fax 88 01 25. Bungalows mit Kochgelegenheit, Zimmer mit und ohne Bad, Mehrbettzimmer. Tauchbasis. $

Audrey's by the Sea nahe Matai; **Nomui Lala Resort** im Süden; **Beverly Campground, Lisi's Campsite** und **Tom's Campground** in der Nähe des Flugplatzes.

Restaurant des Hotels **Maravu Plantation,** ☏ 88 05 55. Hier können Sie sich an leckerer Südseeküche laben. $$
Karin's Restaurant, gegenüber dem Bibi's Hideaway. Frühstück ab 8 Uhr, abends Menü. $
Audrey's Sweet Something, Matai. Zum Taveuni-Kaffee schmeckt das Gebäck. $

Im Nordosten von Taveuni liegen die drei kleineren Inseln ***Qamea, *Matagi** und ***Laucala Island** mit jeweils einem Resort. Alle drei haben sich auf Tauchtouristen spezialisiert, Laucala ist mit Preisen um 1000 F $ am Tag allerdings eher für sehr gut Betuchte geeignet.

Laucala Fiji Forbes, ☏ 88 00 77, Fax 88 00 99. Fünf große Gästehäuser am Strand. $$$
Qamea Beach Club, ☏ 88 02 20, Fax 88 00 92. 11 Luxusbungalows am Strand. $$$
Matagi Resort, ☏ 88 02 60, Fax 88 02 74. Hübsche Bungalows an einem schönen Strand. Zum Hotel gehört das Tauchschiff *Matagi Princess*, das mehrtägige Kreuzfahrten zu verschiedenen Tauchgründen unternimmt. $$$

Kadavu

Etwas Ausdauer ist beim Wainibau River Trek gefragt

Die langgestreckte, noch sehr ursprüngliche, buchtenreiche Insel liegt 80 km südlich von Viti Levu. Die rund 9000 Insulaner leben vom Bananenanbau und von Kopraprodukten. Wegen des begrenzten Straßennetzes sind Boote das wichtigste Verkehrsmittel zwischen den einzelnen Inselteilen. Einer der Top-Tauchgründe Fidschis ist das *Astrolabe Reef*, das sich in einem 50 km langen Bogen im Nordosten Kadavus um die Insel Ono legt. Für Tauchtouristen ist es aber derzeit nicht zugänglich, da die Bewohner von Ono ihre Fischgründe nicht mit Tauchern teilen wollen. Trotzdem zieht Kadavu immer noch Sporttaucher aus aller Welt an, denn auch um die Hauptinsel herum gibt es zahlreiche gute Riffe.

Von/nach Viti Levu (Air Fiji von Suva, Sunflower Airlines von Suva und Nadi).

Frachter ab Suva (Viti Levu).

Malawai Resort, halbe Stunde Bootsfahrt vom Flugplatz, ☎ 52 01 02, Fax 36 15 36. 3 Bungalows in Kokospalmplantage am Strand, Tauchbasis (auch Kurse), gutes Essen. $$
Matana Resort Dive Kadavu, 15 Bootsminuten vom Flugplatz, ☎ 31 17 80, Fax 30 38 60. Bungalows, Zimmer und Mehrbettzimmer mit Gemeinschaftsdusche, Tauchbasis (auch Kurse). $$–$
Albert's Place an der Ostseite Kadavus (2 Bootsstunden ab Flughafen), ☎ 30 28 96. Einfache Unterkunft mit Gemeinschaftsduschen. $

Nukubalavu Resort und **Albert's Place** an der Ostküste; **Reece's Place** auf Galoa Island.

in den Hotels.

Auf Taveuni

Beim Dive Taveuni Resort

Praktische Hinweise von A–Z

Ärztliche Versorgung

Abgesehen von Französisch-Polynesien ist das Gesundheitssystem in den beschriebenen Inselstaaten eher unterentwickelt. Für ambulante Behandlung gibt es in den größeren Orten Ärzte oder Privatkliniken. Bei schwereren Erkrankungen oder Unfällen ist es unbedingt ratsam, sofort nach Neuseeland oder Australien auszufliegen. Die Kosten dafür sollten mit einer Reisekrankenversicherung abgedeckt sein.

Diplomatische Vertretungen

Deutschland: Zuständig ist die Botschaft in Neuseeland (90–92 Hobson Street, Thorndon, Wellington, ☏ 00 64–4–473 6063, FAX 473 6069). Honorarkonsulate gibt es in Französisch-Polynesien (Papeete auf Tahiti, ☏ 0 06 89/42 99 94, FAX 42 80 84), Tonga (Nuku'alofa, ☏ 0 06 76/2 34 77, FAX 2 31 54), Western Samoa (Apia auf Upolu, ☏ und FAX 0 06 85/2 26 95) und Fidschi (Suva auf Viti Levu, ☏ 0 06 79/31 50 00, FAX 30 09 47).

Österreich: Zuständig ist die Botschaft in Australien (Manuka/Canberra ACT 2603, ☏ 00 61–6–265 1533, FAX 239 6751).

Schweiz: Zuständig ist die Boschaft in Neuseeland (22–24 Panama Street, Panama House, Wellington, ☏ 00 64–4–472 1593, FAX 499 6302).

Einreise

Zur Einreise genügt ein gültiger Reisepaß. In den meisten Staaten wird jedoch der Nachweis eines Weiterflugtickets verlangt. In der Regel wird bei Einreise ein Touristenvisum für 30 Tage erteilt, das jedoch mindestens einmal verlängert werden kann. Impfungen sind derzeit keine vorgeschrieben. Devisen können unbeschränkt ein- und ausgeführt werden.

Elektrizität

Französisch-Polynesien: Netzspannung 220 Volt bei 60 Hertz. Die Steckdosen sind in französischer Norm. Einige ältere Hotels haben noch 110 Volt und Steckdosen amerikanischer Norm.

Cook Islands, Tonga, Western Samoa und Fidschi: Netzspannung 240 Volt bei 50 Hertz. Steckdosen nach australisch-neuseeländischer Norm. Hotels auf kleinen Inseln werden von einem Generator versorgt, der oft über Nacht abgeschaltet wird.

American Samoa: 110 Volt und amerikanische Steckdosen.

Fotografieren

Die meisten Südseeinsulaner lassen sich gern fotografieren, jedoch sollte man höflichkeitshalber um Erlaubnis bitten. Dia- und Negativfilme sind erhältlich, aber wesentlich teurer als in Deutschland. Die Benutzung eines UV-Filters ist empfehlenswert.

Geld und Währung

DM-Reiseschecks werden in allen Banken und in größeren Hotels akzeptiert. Von den Kreditkarten sind Visa und Eurocard/Mastercard am weitesten verbreitet, American Express seltener, Diners Club kaum. Die jeweilige Landeswährung (s. „Steckbriefe“ bei den Inselgruppen) sollte erst vor Ort in Banken oder Hotels getauscht werden.

Gesundheitsvorsorge

Die in diesem Buch beschriebenen Inselstaaten sind malariafrei. Impfungen sind nicht notwendig, ein Tetanusschutz ist dagegen immer angebracht. AIDS-Fälle sind erst wenige bekannt.

Giftige Schlangen oder Insekten gibt es an Land nicht, lediglich im Wasser schwimmt eine giftige Art der Wasserschlange, die jedoch sehr scheu ist. Brauchen werden Sie Mückenschutzmittel (mosquito repellents) und Sonnenschutzmittel mit hohem Lichtschutzfaktor, die Sie aber auch vor Ort kaufen können. Zum Schnorcheln sollten Sie ein T-Shirt und eine dünne lange Hose tragen, die Mittagszeit meiden und nicht länger als eine halbe Stunde im Wasser bleiben, die Gefahr eines Sonnenbrandes ist dabei groß. In Ihre Reiseapotheke sollten Sie packen: Pflaster, Desinfektionsmittel und eine Wundsalbe oder besser einen Wundpuder für eventuelle Hautabschürfungen (z. B. an den Korallen beim Schnorcheln), die sich in den Tropen leicht infizieren; Medikamente gegen Durchfall, Kopfschmerzen und Sonnenstich; Salben gegen Sonnenbrand, Insektenstiche und Allergien; Schmerzmittel; ein Antibiotikum für alle Fälle.

Information

Fremdenverkehrsamt für den Südpazifik (Tourism Council of the South Pacific), Dircksenstr. 40, 10178 Berlin, ☏ 0 30/23 81–76 45, Fax 23 81–76 41.

Tahiti Tourismus, Haingasse 22, 61348 Bad Homburg, ☏ 0 61 72/2 10 21, Fax 2 55 70.

Alle Inselstaaten haben in den Hauptstädten eigene Fremdenverkehrsämter (*Tourist Office* bzw. *Visitor Bureau,* s. „Steckbriefe" der Inselgruppen).

Kleidung

An öffentlichen Stränden sind knappe Bikinis oder gar „Oben ohne" nicht angebracht – die christlichen Missionare haben in der Südsee ganze Arbeit geleistet. An Hotelstränden und allgemein in Französisch-Polynesien ist man etwas lockerer. Beim Besuch von Dörfern oder gar Kirchen sind knappe Shorts und freier Oberkörper verpönt. In Fidschi, Tonga und Samoa sollten die Beine bis zum Knie bedeckt sein.

Zu allen Gelegenheiten paßt das traditionelle Kleidungsstück der Südsee, ein buntes Wickeltuch, das je nach Inselgruppe *pareo* (Französisch-Polynesien und Cook-Inseln), *lavalava* (Tonga und Samoa) oder *sulu* (Fidschi) heißt. Selbst zum Dinner in First-class-Hotels genügt lockere Sommerkleidung. Für Wanderungen brauchen Sie feste Schuhe und einen Regenschutz.

Kriminalität

Touristen stehen unter dem besonderen Schutz der traditionellen Gastfreundschaft, solange sie in Hotels wohnen oder in einem Dorf Aufnahme gefunden haben. In der Anonymität der Städte allerdings bleiben auch sie nicht von Diebstählen und Einbrüchen verschont. Lassen Sie also keine Wertsachen im Auto oder am Strand liegen, gehen Sie nicht ganz allein an einsame Strände und legen Sie Reiseschecks, Reisedokumente, Geld und Schmuck in den Hotelsafe. Beim Besuch von Bars und Diskotheken in größeren Orten kann es besonders Freitag abends zu fortgeschrittener Stunde leicht zu alkoholbedingten Schlägereien kommen; wenn Sie merken, daß die Stimmung umzuschlagen droht, gehen Sie sofort.

Öffnungszeiten

Banken: Mo–Fr 9.30–15 Uhr.
Post: Mo–Fr 8–17, Sa 8–12 Uhr.
Geschäfte: Mo–Fr 8–17, Sa 8–13 Uhr; kleinere Läden sind auch abends und am Wochenende geöffnet.
Bürozeiten: Mo–Fr 8.30–16.30 Uhr.

Post

Post nach Europa ist mindestens 6 Tage unterwegs. Über das Porto informieren Postämter und Hotels.

Souvenirs

In der gesamten Südsee bekommt man Kunsthandwerk, Schmuck und Handarbeiten in sogenannten Handicraft Shops, die oft auch als Kooperativen organisiert sind (in diesem Fall kommen die Einnahmen direkt den Dorfbewohnern zugute). Weitverbreitet sind Schnitzarbeiten aus Tropenholz: In Fidschi, Tonga und Samoa gibt es schöne hölzerne *Kava*-Schalen (s. S. 85) und traditionelle Kriegskeulen, in Französisch-Polynesien und auf den Cook-Inseln hauptsächlich Götterfiguren, die sogenannten *tiki* (s. S. 19). Von Frauen werden Körbe, Taschen und Tischsets aus Bast geflochten. Hervorzuheben sind auch die vor allem in Fidschi, Tonga und Samoa hergestellten *Tapa*-Arbeiten (s. S. 59). Muschelschmuck gibt es überall, jedoch ist dieser oft aus asiatischen Ländern eingeführt. In Französisch-Polynesien und auf den Cook-Inseln werden wertvolle schwarze Perlen (s. S. 31, 44) gezüchtet. Ein praktisches Mitbringsel sind die überall erhältlichen bunten *pareos* (s. auch „Kleidung", S. 93), die man sich als Kleid oder Rock leger um den Körper wickelt. Auf allen Südsee-Inseln bekommen Sie Parfüm mit dem süßlichen Aroma der Tiare- oder Frangipani-Blüten, sowie sehr angenehm duftende und hautschonende Kokos- und Sandelholzseifen.

Telefon

Die Hauptinseln haben moderne Telefonnetze, die Verbindung zu Außeninseln ist wegen der Funkübertragung manchmal problematisch. In allen Ländern gibt es Telefonkarten für öffentliche Telefone, die wegen ihrer Südseemotive auch ein beliebtes Sammlerobjekt sind (in Postämtern und Souvenirgeschäften). Mit den Karten sind auch Auslandsgespräche möglich, die von Hotels aus oft recht teuer sind.

Den Länder-Vorwahlen für Deutschland (49), Österreich (43) und die Schweiz (41) wird in Französisch-Polynesien, auf den Cook-Inseln und in Tonga 00 vorangestellt, in Western Samoa 0, in American Samoa 011, in Fidschi 05. Internationale Vorwahl für die Südsee-Inseln siehe „Steckbriefe" der Inselgruppen.

Trinkgeld

Trinkgeld wird in der Südsee nicht von vornherein erwartet. In Restaurants und Kneipen zahlt man den exakten Rechnungsbetrag. Ein zusätzlicher Obolus ist nur dann angebracht, wenn eine Dienstleistung über das übliche hinausgeht. Viele Hotels haben an der Rezeption Gemeinschaftskassen für ihre Angestellten, in die Sie bei Abreise etwas spenden können.

Versicherungen

Eine Reisekrankenversicherung, die unbedingt den medizinisch notwenigen Rücktransport beinhalten sollte, ist empfehlenswert, wenn Ihre Krankenversicherung keinen Auslandsschutz gewährt. Arzt- und Krankenhauskosten müssen bar bezahlt werden.

Wer eine teure Pauschalreise gebucht hat, sollte über eine Reiserücktrittskostenversicherung nachdenken.

Zeit / Datumsgrenze

Französisch-Polynesien und Cook-Inseln: MEZ –11 Std., Samoa –12 Std.
Tonga und Fidschi: MEZ + 12 Std.
Zwischen beiden Zeitzonen verläuft die internationale Datumsgrenze (s. S. 26).

Zoll

Zollfrei eingeführt werden dürfen 2 l Spirituosen, 200 Zigaretten und alle Gegenstände des persönlichen Gebrauchs. Ausfuhrbeschränkungen gibt es keine.

Die wichtigsten Zollfreigrenzen bei der Wiedereinreise in Europa: Deutschland, Österreich und Schweiz 1 l hochprozentiger Alkohol oder 2 l Wein, 200 Zigaretten, Geschenke im Gesamtwert bis 350 DM, 2500 öS bzw. 200 sfr. Gemäß Washingtoner Artenschutzabkommen ist die Einfuhr von geschützten Pflanzen und Tieren (darunter Schildpatt und Korallen) verboten. Es wird rigoros beschlagnahmt, außerdem drohen hohe Geld- oder sogar Gefängnisstrafen.

Register

Orts- und Sachregister

Personenregister

die Unglückliche zurück – Mutter und Kind sollen dann in Schildkröten verwandelt an Land schwimmen.

Im Bezirk * *Falealupo* zweigt ein Feldweg ab zum **Cape Mulinu'u,** dem Westkap Savai'is. Die polynesische Mythologie betrachtet dort zwei Öffnungen im Fels als Tore zum Totenreich. Der ** **Fagalele Beach** nicht weit vom Dorf ist einer der schönsten einsamen Strände der Insel, wo Sie auch gut schnorcheln können.

Der Feldweg führt in einer Schleife um das Kap herum zur asphaltierten Hauptstraße zurück. Dabei fahren Sie durch ein Naturschutzgebiet, das den Regenwald und die dort beheimateten Fliegenden Hunde (Flying Foxes) erhalten soll.

Asau an der gleichnamigen Bucht war einst der wichtigste Hafen ganz Wes-Samoas, heute ankern hier nur noch vereinzelt Segeljachten auf ihrer Fahrt durch den Pazifik. Hier empfiehlt sich das Vaisala Hotel zur Übernachtung.

Praktische Hinweise

✈ Die Flüge ab Upolu landen mehrmals tgl. am Maota Airport im Südosten der Insel, 5 km vom Hauptort Salelologa.

Die Lavaströme verschonten nur das Grab der Jungfrau

Meterhoch schießt die Brandung durch die Blow Holes

Anlegestelle der Autofähre (s. S. 63) von/nach Upolu bei *Salelologa* an der Ostküste Savai'is.

Busse fahren ab Markt in *Salelologa* bei Ankunft und Abfahrt der Fähren.

Seite 69

Stevenson's Hotel, Manase (Nordküste), ☏ 5 82 19, FAX 5 82 28. Zehn Beach-Fales, 19 einfache Zimmer mit Bad, 5 Bungalows mit gehobener Ausstattung. $$
Safua Hotel, Lalomalava (nördlich von Salelologa), ☏ 5 12 71, FAX 5 12 72. Einfache, samoanische Fales mit Bad im Landesinneren (Transport zum Strand inkl.). Camping. $$
Siufaga Beach Resort, beim Cape Tuasivi (Ostküste), ☏ 5 35 18, FAX 5 35 35. Sieben saubere Strandbungalows mit Küche; Familienanschluß. Camping. $
Tanu's Beach Fales, Manase (Nordküste). Offene Fales am weißen Strand, mit Verpflegung. $
Satuiatua Beach Fales, Satuiatua (Westküste), ☏ 5 13 21. Elf offene, saubere Fales, nette Betreuung. $

Stevenson's, im gleichnamigen Hotel, Manase (Nordküste), ☏ 5 82 19. Internationale Küche, Fisch und Meeresfrüchte. $
Restaurant im **Safua Hotel,** ☏ 5 12 71. Jeden Abend samoanisches Büffet. Anmeldung notwendig. $

Ausflug nach American Samoa

Tutuila, die Hauptinsel American Samoas, ist nur etwa 3 km breit und 30 km lang; hier leben die meisten amerikanischen Samoaner. Die Dörfer sind zwar größtenteils noch im samoanischen Stil gebaut, jedoch ist der „American Way of Life" unübersehbar. Die Landschaft Tutuilas mit ihren grünen, steil aufragenden Vulkanflanken ist aber sehr viel abwechslungsreicher als die Upolus oder Savai'is.

Schlicht grandios ist die natürliche, trichterförmige Bucht des ***Pago Pago Harbour** vor der Kulisse der hohen, mit üppiger Vegetation bedeckten Berge. Der gleichnamige Hauptort (sprich: „Pängo Pängo") allerdings ist nicht viel mehr als eine Ansammlung schäbiger Bretterbuden, Containerburgen, Schiffskränen und zwei stinkenden Fischfabriken. Am südöstlichen Hafeneingang liegt das Zentrum mit dem *Maoto Fono,* dem Parlamentsgebäude im samoanischen Baustil, Verwaltungsgebäuden und Geschäften. Von den wenigen Kolonialgebäuden sind die *Police Station* und das *Governor's House* auf einem Hügel über dem Zentrum am besten erhalten geblieben. Der Kulturgeschichte und dem Kunsthandwerk Samoas widmet sich das **Jean P. Hayden Museum* (🕓 10–15 Uhr).

Mit dem Leihwagen können Sie Tutuila in zwei Halbtagesausflügen erkunden. An der Ostseite der Bucht erhebt sich der berüchtige *Rainmaker,* der *Mt. Pioa* (524 m), an dem sich die Wolken stauen und ihre Fracht abladen – bis zu 7000 mm Regen im Jahr! Dieses Mikroklima Pago Pagos hat schon Somerset Maugham in seiner Kurzgeschichte „Rain" beschrieben.

Vom Bergsattel am Fuße des „Regenmachers" – im Dorf Aua führt ein Abzweig hinauf – bietet sich ein überwältigender Blick über den Naturhafen. Vom Bergsattel geht es weiter zur *Afono Bay* an der Nordküste, wo sich zahlreiche Buchten wie Fjorde ins Land schneiden.

An der *Vatia Bay* endet die nordwestliche Küstenstraße. **Cockscomb** – Hahnenkamm – wird der bizarre Bergkamm genannt, der sich hier ins Meer hinausstreckt.

An der Südküste führt die Straße von Aua aus weiter zum **Two-Dollar-Beach** zwischen *Avaio* und *Auto;* hierher kommen die Einheimischen gern zum Picknicken. Hinter *Faga'itua* zweigt eine weitere Paßstraße zur Nordküste ab; unterwegs haben Sie die Wahl:

Links geht es zur **Masefau Bay,** rechts zum schönsten Sandstrand der Insel bei **Sa'ilele.** Wieder zurück an der Südküste, fahren Sie um das *Cape Fogausa* und sehen bald darauf die vorgelagerte Insel *Aunu'u.* Nun beginnt die landschaftlich reizvollste Strecke bis zum ***Cape Mata'ula:** Rechts reiht sich ein weißer Traumstrand an den anderen, links grüßen die bunt bemalten Fales der Dörfer.

Der landschaftlich schönere Teil der Fahrt zum Westkap

Der Blick auf die natürliche Bucht des Pago Pago Harbour vor der Kulisse hoher, grüner Berge ist schlicht grandios

Fa'a Samoa

Mit ihrem traditionsverbundenen und überaus konservativen Lebensstil, den die Samoaner *Fa'a Samoa* nennen, sind sie der ursprünglichen polynesischen Kultur am treuesten geblieben. An der Spitze der Großfamilie steht mit absoluter Autorität der *Matai.* Er verwaltet das Land stellvertretend für den Klan, verteilt die Arbeit und die Einnahmen, regelt die Ausbildung der Kinder und gibt seine Zustimmung zur Heirat.

Die Matais eines Dorfes bilden den Dorfrat, der im *Fono,* dem Versammlungshaus, zusammentritt, alle kommunalen Angelegenheiten regelt und bei Streitigkeiten und Verstößen gegen die Dorfregeln als Gericht fungiert. Bis hinauf zum Parlament wird Samoa so auf verschiedenen Ebenen von rund 18 000 Matais regiert.

Das Dorfbild bestimmen die *Fales,* offene Hütten, deren gewölbtes Dach von Baumstämmen über einer ovalen oder rechteckigen Plattform getragen wird. Diese Bauweise läßt die Meeresbrise kühlend hindurchstreichen, erlaubt aber auch ungehinderten Einblick ins Familienleben. Die stattlichen Kirchen, oft mehrere pro Dorf, werden von den Bewohnern in gemeinsamer Arbeit errichtet. Wie steinerne Festungen untermauern sie die Präambel der samoanischen Verfassung, die da lautet: „Samoa ist auf Gott gegründet". Die Dorfpfarrer sind in ihrer Autorität den Matais fast ebenbürtig und werden von den Dorfbewohnern materiell unterstützt.

Die meisten Samoaner tragen den traditionellen Wickelrock *(lavalava).* Sehr lebendig ist auch noch die Sitte unter den Männern, sich von der Hüfte bis hinunter an die Knie tätowieren zu lassen. Sonntags bereiten die jungen Männer des Dorfes den *Umu* (Erdofen) vor, in dem das gemeinsame Festmahl gegart wird.

So sehr das Fa'a Samoa zum einmaligen Reiz des Landes beiträgt, hat es heute auch spürbare negative Auswirkungen. Die alttestamentarisch strenge Ordnung treibt die Jugend des Landes zur Emigration, Frustration und sogar in den Selbstmord. Jeder Versuch, sich eine eigene wirtschaftliche Existenz zu schaffen, ist durch die Verpflichtung, alles Einkommen mit der Familie zu teilen, zum Scheitern verurteilt.

beginnt erst hinter dem Industriegebiet und dem International Airport. Die Kirche von ***Leone,** der alten Hauptstadt Ost-Samoas, ist das älteste Bauwerk von American Samoa. Sie wurde 1870 zum Gedenken an Reverend John Williams erbaut, der als erster Missionar samoanischen Boden betrat.

Der buchtenreiche Küstenabschnitt, der hinter Leone beginnt, lockt dank seiner starken Brandung Surfer an. Bei *Fa'ilolo* und *Amanave* sollten Sie eine Pause einlegen – weiße Sandstrände verführen zu einem Bad. Vom Bergrücken hinter *Amanave* liegt Ihnen das *Cape Taputapu* zu Füßen.

Für Taucher und Liebhaber einsamer Strände lohnt sich ein Ausflug mit Samoa Air auf die **Manua-Inseln,** wo es einige schöne Strände und sehr gute Tauch- und Schnorchelreviere gibt. Die drei kleinen Eilande *Ofu, Olesaga* und *Ta'u* östlich von Tutuila sind seit 1988 Teil eines Nationalparks. Hier betrieb *Margaret Mead* ihre sozialwissenschaftlichen Studien. Touristen verirren sich kaum hierher. Auf Ofu und Ta'u gibt es jeweils eine einfache Unterkunft.

Praktische Hinweise

Vorwahl: 0 06 84

✈ Der International Airport ist ca. 10 km von Pago Pago entfernt. Polynesian Airlines (☏ 6 99 91 26, FAX 6 99 21 09) fliegt mehrmals tgl. von/nach Western Samoa (Upolu), die lokale Samoa Air (☏ 6 99 91 06, FAX 6 99 97 51) tgl. von/zu den Manua-Inseln, Western Samoa (Upolu) und Tonga (Vava'u). Hawaiian Airlines (☏ 6 99 18 75, FAX 6 99 12 82) fliegt Tutuila einmal wöchentlich von Hawaii aus an.

⛴ *Queen Salamasina* einmal wöchentlich von und nach Western Samoa (Upolu). Die achtstündige Fahrt ist allerdings schon bei leichtem Seegang kein Vergnügen. Buchung über Polynesia Shipping in Pago Pago, ☏ 6 33 12 11.

Margaret Mead

Ende der 20er Jahre unternahm die amerikanische Ethnologin eine ausgedehnte Forschungsreise in die Südsee. Auf den Manua-Inseln im heutigen American Samoa lernte sie Fa'a Samoa (s. S. 71) kennen und war nachhaltig beeindruckt. In ihrem Werk „Coming of Age in Samoa" („Heranwachsen in Samoa") beschrieb sie, daß die Samoaner ihre Kinder scheinbar ohne Zwang und moralische Fesseln erzogen. Ihr Modell einer unverdorbenen und freien Gesellschaft fiel in der damaligen Fachwelt auf fruchtbaren Boden und gab dem romantischen Mythos Südsee für lange Zeit eine vermeintlich wissenschaftliche Grundlage. Erst Anfang der 80er Jahre warfen neuere Studien Margaret Mead vor, in ihrer Begeisterung die negativen Aspekte des Fa'a Samoa verdrängt oder bewußt verschwiegen zu haben. Vor allem die autoritäre Herrschaft der Matais innerhalb ihres Klans, die zu Meads Zeiten gewiß nicht weniger streng war, paßt nicht so ganz zum Ideal einer zwangsfreien Gesellschaft. Wie alles, hat eben auch Fa'a Samoa zwei Seiten.

🚌 Busbahnhof am Markt in Pago Pago. Keine festen Fahrpläne und Haltestellen, bezahlt wird beim Aussteigen.

Ⓗ **Rainmaker Hotel,** am Hafen, ☏ 6 33 42 41, FAX 6 33 59 59. Das einzige Hotel der Stadt ist leider etwas heruntergekommen. Jeden Freitag abend findet hier eine Polynesian Floor Show mit Tänzen und Gesängen statt; zuvor können Sie sich am samoanischen Büffet stärken. ($)

Ⓡ **Sadie's Restaurant,** am westlichen Ende von Pago Pago. Gute Fischgerichte und Steaks. ($)

Auf Upolu